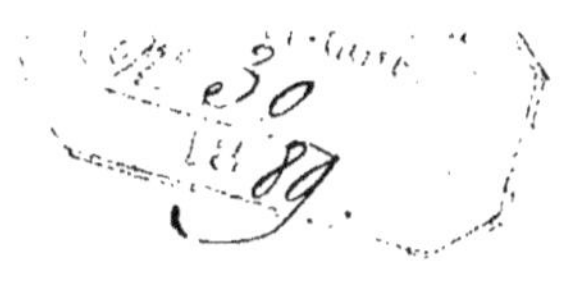

LE

CLUB DES PATRIOTES SUISSES

A PARIS

1790-1792.

Parmi les clubs politiques auxquels la Révolution française a donné naissance, il en est un, et des plus curieux, dont l'histoire n'a pas encore été faite. C'est le club helvétique ou la Société des patriotes suisses résidants à Paris. Les auteurs de manuels d'histoire de la Suisse n'oublient pas d'en parler, mais sans approfondir le sujet. Les auteurs d'histoires générales de la Révolution française n'en mentionnent même pas, à peu d'exceptions près, le nom. Les indications les plus détaillées sur ce club se trouvent dans le livre de M. Charles Morell : *Die Schweizerregimenter in Frankreich*, 1789-1792 St. Gallen (Scheitlin und Zollikofer, 1858), et dans l'*Histoire du canton de Fribourg,* par le docteur Berchtold. Troisième partie, Fribourg en Suisse (imprimerie de Joseph-Louis Piller, 1852). M. Morell a eu à sa disposition les actes du Conseil secret bernois, conservés aux archives d'État de Berne. Mais il n'effleure l'histoire du club helvétique qu'incidemment. M. Berchtold a mis à contribution le registre des délibérations du club conservé par « les soins de la famille Castella » (cf. Berchtold, *l. c.*, p. 336). Malheureusement ce registre a disparu comme me l'affirme M. Schneuwly, archiviste d'État à Fribourg[1].

A défaut de cette source historique originale, j'ai eu la chance de rencontrer aux *Archives d'État de Berne* des renseignements de seconde main qui compensent à un certain degré la perte des procès-verbaux. A peine le gouvernement fribourgeois eut reçu

1. Cf. Daguet, *Histoire de la Confédération suisse*, 7e éd., 1880. T. II, p. 267 : « Le Journal du Club, confié au chancelier Barchtold par la famille de l'avocat Castella, a été vendu et doit se trouver dans une maison patricienne de Berne. »

avis de l'existence du club helvétique à Paris qu'il concerta avec les gouvernements de Berne et de Soleure des mesures de surveillance. On réussit à gagner parmi les membres ou à introduire dans le sein de la Société des faux frères qui faisaient parvenir régulièrement leurs rapports secrets en Suisse[1]. On soupçonna au club qu'il y avait des traîtres. « Je suis sûr, s'écria un des membres les plus actifs, le 19 septembre 1790, qu'à dix heures du soir M. le marquis de Maillardoz[2] sçaura tout ce qu'il a été fait à l'assemblée. » Le 27 octobre 1790, *Poquet*, officier aux Cent-Suisses de Monsieur, fut accusé « d'être infidèle, de rendre compte à plusieurs officiers des gardes suisses de ce qui se passait. » Il se défendit et on le laissa tranquille.

Ces rapports, accompagnés d'autres documents importants, soit en original soit en copie, m'ont fourni la plus grande partie des renseignements qu'on va lire. Il faut en user avec quelque précaution. Ces espions payés par les gouvernements ne paraissent pas toujours avoir résisté à la tentation d'exagérer les faits. Mais en général leurs récits s'accordent avec ce qu'on peut constater d'autre part. J'ai mis à profit en outre les *Archives nationales à Paris*, les *Archives d'État de Zurich*, la collection de brochures très riche nommée la *Collection Lauterbourg* à la bibliothèque cantonale de Berne. Enfin M. le docteur Herzog, archiviste d'Etat à Aarau, a eu l'obligeance de me faire parvenir quelques extraits de la *Correspondance du général Zurlauben* conservée à la bibliothèque cantonale de l'Argovie.

On connaît le rôle que les émigrés genevois les Clavière, les Duroveray, Dumont, etc., ont joué dans l'histoire de la Révolution. Ce n'est pas de ceux-ci qu'il s'agit ici. Les fondateurs de la Société des patriotes suisses ont été des Fribourgeois expulsés de leur patrie par les événements de l'année 1781. Au printemps de l'année 1781, un soulèvement populaire avait menacé le gouvernement patricien de cet état. Aidé par des troupes bernoises, le gouvernement maîtrisa l'émeute. Chenaux, un des meneurs des insurgés, fut tué; d'autres, comme Jean-Jacques *Sudan* et Fran-

1. Lettre du Conseil secret de Berne, au Conseil secret de Zurich, 6 juillet 1790, publiée par I. I. Hottinger : *Beitræge zur Geschichte des letzten Dezenniums der alten Eidgenossenschaft*, dans le *Archiv für Schweizerische Geschichte*, vol. I, p. 271 (Zurich, 1843). Cf. *Archives d'État de Berne*, Manuel du Conseil secret, vol. VII, p. 268 seq.

2. Officier fribourgeois au régiment des gardes suisses.

çois *Huguenot*, condamnés aux galères, furent transportés en France, et y furent reçus parmi les forçats; d'autres, comme Nicolas-André *Castella*, réussirent à s'enfuir. Celui-ci, natif de Gruyère, avocat et, s'il est permis de se fier à ses assertions, « docteur en droit, » séjourna jusqu'à l'année 1789 dans les états du roi de Sardaigne. Mais, « les droits de l'homme étant rétablis en France, » il crut « pouvoir venir en toute sûreté à Paris pour s'y établir. » Sa femme était Parisienne. Bien que les magistrats fribourgeois lui eussent défendu de le suivre, elle sut le rejoindre. « Il en survint un enfant ; ces magistrats barbares ont osé l'envisager comme bâtard. » Lui-même était condamné à être tiré à quatre chevaux[1]. On comprend sa haine implacable contre les magistrats fribourgeois et la joie que lui causa le décret de l'Assemblée nationale du 21 mai 1790. Ce jour-là l'abbé Grégoire, au nom du comité des rapports, rendit compte à l'Assemblée nationale d'une pétition des deux Fribourgeois Sudan et Huguenot, détenus aux galères de Brest. « Au mois de mai 1781 — dit-il — deux mille cinq cents hommes s'assemblèrent sous les murs de Fribourg pour conquérir la liberté que le gouvernement devenu aristocratique leur avait enlevée. Les magistrats, effrayés, proposèrent une capitulation : elle fut adoptée de part et d'autre. Au mépris de ce traité, on instruisit au criminel contre les prétendus séditieux ; on confisqua leurs biens ; quatre d'entre eux furent envoyés aux galères ; deux y sont morts, et les deux autres réclament votre secours. Une lettre avait déjà été écrite à M. de Montmorin pour obtenir leur liberté, et elle n'avait produit aucun effet. Aujourd'hui ce ministre nous dit, en nous remettant les pièces relatives à cette affaire, que par un long usage les forçats de Genève sont reçus dans nos galères; que les Fribourgeois, n'ayant pas de moyen de punir de cette manière, ont recours à l'humanité des Français pour éviter de décerner la peine de mort. L'humanité nous impose donc selon lui la loi de faire punir ceux qu'on ne peut faire punir chez les autres; mais ces faits sont contredits. A Fribourg il y a des galères de terre et pourquoi ne les y a-t-on mis? C'était pour se délivrer des remords qui suivent l'injustice, et de l'aspect des victimes du

1. Lettre de Castella adressée à la section des Quatre-Nations (où il était reçu citoyen), produite le 15 octobre 1790. *Archives nationales*, D. XXIII, 1 (unique) volume. Comité diplomatique. Monnard : *Geschichte der Eidgenossen*, vol. II, p. 424. Berchtold : *Histoire du canton de Fribourg*, vol. III, p. 302.

patriotisme qui aurait pu exciter à la vengeance les amis de la liberté[1]. »

Charles de Lameth, Roederer, Rewbell partagèrent l'indignation du rapporteur contre « l'usage barbare, sur lequel on s'appuie. » L'Assemblée adopta avec quelques modifications le projet de décret du comité des rapports. Elle décréta :

Art. 1. « A l'avenir il ne sera reçu dans les galères de France aucune personne condamnée par des jugements étrangers. »

Art. 2. « Que son président se retirera par devers le roi pour le supplier de donner des ordres pour que les nommés Sudan et Huguenot, Fribourgeois, actuellement détenus aux galères à Brest, soient mis en liberté dans la huitaine du jour de la sanction du présent décret. »

Art. 3. « Que S. M. sera également suppliée de faire connaître les dispositions du présent décret aux puissances dont les sujets sont actuellement détenus aux galères de France. »

Il n'est pas difficile de s'imaginer l'effet que fit ce décret sur la colonie des mécontents suisses à Paris. Le *Courrier de Provence*, dans un article qui fait deviner la plume de Clavière, en rendant compte de la séance du 21 mai, se moque « du noble pacte qui unit tous les despotes pour le maintien de leurs usurpations » et se réjouit de la décision prise par l'assemblée de le déchirer. L'auteur de l'article ajoute, en corrigeant Montmorin, qu'à Genève « la pratique de condamner à des galères étrangères, si commode pour le despotisme, était depuis très longtemps en désuétude, qu'elle a seulement été ressuscitée en 1782, etc.[2]. »

Quant à Castella, il résolut de profiter de cette occasion pour faire une démonstration publique. Il s'adressa à ses compatriotes résidants à Paris. Il leur proposa de recevoir solennellement Huguenot et Sudan, de les conduire en triomphe à l'Assemblée nationale, de présenter à l'Assemblée une adresse de remerciements et de célébrer une messe à une des églises de la ville. Ce fut le début de la « Société des patriotes suisses » ou du « Club helvétique. » Castella eut la satisfaction d'obtenir un succès complet. Son enthousiasme s'exprime d'une manière naïve et exagérée dans une lettre adressée à sa sœur. Cette lettre, saisie « dans une

1. *Archives parlementaires*, 1re série, t. XV, p. 631. On y lit « Haguenot » au lieu de « Huguenot. »

2. *Courrier de Provence*, n° CXLVI.

auberge de la rue du Regard à Paris » et communiquée le 12 juillet 1790 par le conseil secret de Fribourg au conseil secret de Berne, dépeint bien ce fougueux fanfaron.

Copie d'une lettre de l'avocat Castella à sa sœur Caterine Murist, à Gruyère[1].

J'ai reçu votre billet du 15 juin, ma très chère sœur, avec beaucoup de plaisir; lorsque vous m'écrivez, marquez-moi toujours les lettres que vous aurez reçues de moi, afin que je le sache, si elles parviennent, et marquez-moi au plutôt les nouvelles du pays et si on fouille la poste. Que je me mêle ou non des affaires, elles vont leur train, il y a un nombre infini de plus zélés que moi et très instruits. Les Français ouvrent le chemin à la liberté et écrasent l'esclavage. Hugenot et Sudan, galériens de 1781, sont ici; nous ferons, tous les Suisses, de grandes cérémonies cette semaine à l'occasion de leur délivrance. J'aurai l'honneur de faire le discours de remercîments dans l'Assemblée nationale. *Quelques mille* (*sic*) Suisses assemblés m'ont élu pour cela; je voudrais, mes chères sœurs, que vous fussiez témoins des caresses qu'on me fait, de la confiance qu'on a en moi; je vous assure qu'on aurait mieux fait, à Fribourg, de me permettre, sur votre requête, d'aller au sein de ma famille, mon unique ambition. Par leur refus de justice, ils me forcent, malgré moi, de découvrir leurs vues et leurs injustices. Elles sont déjà assez connues que trop pour leur honneur. Les vieux de soixante-dix ans, les jeunes, les bourgeois, ceux qui sont en maison, les militaires, les femmes enragent contre eux. Hier, il y a eu une assemblée qui aurait rempli l'église de Gruyère. Elles se tiennent par permission; deux députés de Paris y assistent, pour voir s'il se passe quelque chose contre la France, mais ils nous aident de leur conseil contre les puissants Fribourgeois; rien de plus beau que notre assemblée, c'est un coup d'œil charmant et varié. On ne veut point agir en secret, la vérité brille avec beaucoup plus d'éclat au grand jour. Saluez vos maris, enfants, beaux-frères et tous bons patriotes. Dites au justicier Doutta que M. Roullier, qu'il a vu à Brest, le salue. C'est un patriote intrépide. Les gardes suisses sont allées vendredi, au nombre de 450, chez M. d'Affry, leur colonel; il a eu peur, il tremblait; ils ont voulu que le gros-major et les autres officiers y fussent; ils les ont tous traités de voleurs et fripons, qu'on devait leur restituer ce qu'on leur volait; on leur a compté 9,000 francs et on leur en comptera autant le pre-

1. *Archives d'État de Berne*, Acta du Conseil secret, vol. XII. Un certain Jean Murist, aide-major, était un des adhérents de Chenaux; cf. Berchtold, *l. c.*, p. 277.

mier juillet[1]. Tous les soldats de ce régiment sont patriotes. J'ai été le même jour, sans savoir cette bagarre, chez M. d'Affry lui faire ma visite. Il m'a bien reçu. Dieu me conserve pour voir la fin des choses. Je ne me porte pas bien, la tête, le ventre souffrent. J'aimerais mieux mourir pour la patrie que tristement dans un lit. Portez-vous bien.

Votre frère, COLIN.

Du 28 juin 1790.

Les assemblées dont Castella parle se tenaient dès le 6 juin 1790. C'est de ce jour que commence le registre des délibérations du club. On n'y voyait pas quelques « mille Suisses, mais tout au plus quelques centaines[2]. » Le 23 juin, Huguenot et Sudan furent introduits dans l'assemblée. Quant à l'Assemblée nationale, elle refusa le 1er juillet de les recevoir à la barre. Le seul Robespierre plaida en leur faveur (cf. *Arch. parl.*). Mais ils réussirent deux jours plus tard. Le 3 juillet, le cortège des patriotes suisses proposé par Castella avec les deux libérés se mit en marche. On avait envoyé une députation au colonel d'Affry pour lui demander la musique des gardes, ce qu'il accorda avec une vive répugnance. Une autre députation de quinze membres devait accompagner les libérés jusqu'à l'Assemblée nationale. On en choisit un parmi les Cent-Suisses de Monsieur, deux parmi les Cent-Suisses du roi, trois dans les gardes suisses, trois parmi les Suisses du roi, trois parmi les autres membres de l'assemblée et trois dans son comité. Merceney, citoyen français, composa un discours, qui devait être prononcé à la barre de l'Assemblée par le citoyen Castella.

Les procès-verbaux de l'Assemblée nationale ne font pas mention de cette démonstration et Berchtold dans son histoire du canton de Fribourg assure que le cortège n'a pas été admis. Mais le fait est constaté par le journal *l'Ami du roi des Français, de l'ordre et surtout de la vérité* du 9 juillet 1790, p. 159 : « Le samedi suivant (3 juillet) ces deux particuliers (Huguenot et

1. D'Affry, colonel du régiment des gardes suisses, à Zurich, 24 juillet 1790. « J'ai appris qu'on paraissait mécontent dans quelques états de la Suisse, de ce que les capitaines aux gardes n'avaient pas rendu compte à leurs souverains respectifs, d'une insurrection des grenadiers du régiment qui se sont portés chez moi, il y a quelque temps. Je supplie Vos Excellences d'engager les états qui croiraient avoir à s'en plaindre à n'attribuer qu'à moi, la faute de leur silence, parce que, comme cette affaire a été arrangée dans la journée même, j'ai cru qu'il était inutile de lui donner aucune suite. » *Archives d'État de Zurich.* Tr. 8, th. 1, n° 33.

2. *Archiv für Schweizerische Geschichte, l. c.*, p. 271.

Sudan) parurent avec l'habit des forçats dans la salle du théâtre de la Nation. Ils y furent introduits comme en triomphe et placés dans la loge d'honneur par un détachement d'environ 100 hommes de la garde nationale, » etc. Après cela le cortège entier se rendit en grande pompe et musique en tête à l'église des Prémontrés[1]. Une messe fut dite, on chanta un *Te Deum* et le prêtre Garigoux prononça un discours. Les chaînes des galériens furent suspendues au lieu le plus apparent de l'église, et le sujet de cette offrande dut être gravé sur une table de marbre. Le soir on mena les héros de la fête à la Comédie française, où se donnait en leur honneur le drame intitulé *l'Honnête Criminel*. L'assemblée fit ensuite remercier le district des Prémontrés, les Prémontrés eux-mêmes, ainsi que Messieurs de la Comédie française pour les marques de bienveillance qu'elle en avait reçues à cette occasion[2]. Le *Journal général de la cour et de la ville* du 6 juillet jeta du ridicule sur la fête du 3 juillet. L'*Ami du roi des Français, de l'ordre et surtout de la vérité* du 9 juillet s'efforça de flétrir Castella. Mais la Société qu'il avait fondée dura et s'étendit de plus en plus. Les rapports des espions nous font connaître son organisation, ses membres les plus importants, son but et ses moyens d'action. On s'assemblait au moins une fois par semaine chez Roullier de Sommentier (Fribourg) « marchand de vins, » rue du Regard, n° 25, chez Gardoux, Fribourgeois, marchand de vins, rue Sainte-Marguerite, où logeait Castella, dans l'église de l'abbaye Saint-Germain-des-Prés, le 19 septembre 1790, « dans un salon de l'abbaye Saint-Germain qui leur a été accordé par le district, » le 22 février 1791, rue du Sépulcre, n° 19. Le nombre des assistants variait, il était de 12, 30, 40, 60, 70, 110, 120, 400 membres (5 septembre 1790), sans y compter « une douzaine de jeunes femmes fribourgeoises. » Il y avait souvent un commissaire du district qui honorait les assemblées de sa présence.

Parmi les membres, les Fribourgeois continuaient de fournir un contingent considérable. Il y avait à côté de *Castella*, premier

1. Le dessein original était de se rendre à Notre-Dame. Il y a aux *Archives de Berne, l. c.*, une lettre imprimée, signée par « Kolly, » secrétaire de l'Assemblée des patriotes suisses, par laquelle M. Villaret, maître perruquier à Morges, est invité d'assister, le 3 juillet, à la messe qui se dira à l'église de Notre-Dame, à l'honneur des « sieurs Sudan et Huguenot, ci-devant détenus aux galères de Brest, » et à l'honneur de « l'auguste Assemblée nationale qui vient de briser les fers de ces deux infortunés. »

2. Berchtold, *l. c.*, p. 338. Daguet, *l. c.*, p. 267.

président de la Société, *Huguenot*, *Sudan* et son frère l'avocat *Rey* et son fils, « garde nationale, » *Roullier* et son fils, *Gardoux Kolly*, « ancien précepteur, fils du médecin, un des instituteurs chez l'abbé Moret, » *Niquille*, suisse de porte, *Maillart Ducret*, *Michel de l'Échelle*, *Conus*, *Grémion*, *Mileret*, *Moret*, de Vuadens, « suisse de l'hôtel d'Egmont, » les frères *Latenat* (Lathana), *Chaperon*, Cent-Suisse, quelque temps président, *Paquet*, officier aux Cent-Suisses de Monsieur, *Blanc de Corbières*, « suisse de l'hôtel de Luynes. » D'autres cantons ou d'origine incertaine étaient *Pitou*, avocat de Lausanne, *Mayer*, Soleurien, « suisse d'église à Saint-Germain-l'Auxerrois, » *Potier*, « fourrier aux Cent-Suisses de Monsieur, » *Jordan*, suisse de la Comédie française, *Gumy*, suisse de la caisse d'escompte, « le suisse du vicomte de Pons, » *Caille*, « suisse du Palais Bourbon, » les domestiques *Marc* et *Carnu*, etc. Les *Suisses*, au sens de concierges, prévalaient, de sorte que les rapporteurs désignent souvent les assemblées de la Société « assemblées des Suisses de porte. » Un d'eux, Niquille, après avoir fonctionné quelque temps comme vice-président, fut le successeur de Castella comme président, tandis que *Goisset* de Montbéliard fut élu vice-président. Un des membres les plus considérables était le banquier *Jean-Caspar Schweizer* de Zurich, l'ami généreux de Mirabeau[1]. Il est mentionné dans les rapports secrets pour la première fois le 16 septembre 1790 : « Un banquier zurichois, ici nommé Schwitzer, a assisté à une assemblée. On l'a mandé à Zurich, d'où il a été repoussé, ce qui l'a rendu furieux. On dit qu'il a juré de mériter le reproche. On le cite comme se mêlant beaucoup de ces affaires et faisant des avances d'argent dont il a beaucoup, dit-on[2]. » Un autre rapporteur, en rendant compte d'une séance du 23 octobre 1790, donne l'avis suivant : « Un banquier de Zurich à Paris, nommé Schwitzer, fait, dit-on, bien de mal en Grisons, dans les bailliages libres et à Zurich même[3]. »

1. Cf. J. C. Schweizer, *Ein Charakterbild aus dem Zeitalter der franzœsischen Revolution*; von David Hess, *Eingeleitet und herausgegeben* von J. Baechtold. Berlin, W. Hertz, 1884. V. *Revue historique*, XXIX, p. 82, deux lettres de Mirabeau adressées à J. C. Schweizer.

2. *Archives d'État de Berne*, Acta du Conseil secret, vol. XII, n° 69.

3. *L. c.*, vol. XII, n° 139. Schweizer avait des relations intimes avec le mécontent Bansi en Grisons, cf. Baechtold, *l. c.*, p. 70 seq.

Les séances étaient quelquefois fort orageuses. Le 15 août 1790, Castella, Roullier et Potier « se dirent des sottises. » La dispute devint si vive « qu'on voyait le moment où ils allaient se prendre par les cheveux si le président n'avait pas levé la séance. » Le 12 septembre, « Castella et Roullier se disputèrent si vivement que le premier prit le parti de lever la séance[1]. » Le 26 septembre 1790, « la dispute fut si vive entre Roullier, Castella et Rey qu'elle manquait de devenir sanglante. » On adopta la proposition, « pour que les assemblées soient moins orageuses, que chaque membre apporterait ses idées par écrit au comité et que le président et le vice-président seraient chargés de les rédiger avant que de les faire lire à l'assemblée. »

On n'avait pas, à ce qu'il paraît, au commencement, de statuts, mais on en fit imprimer vers la fin de l'année 1790, et une copie manuscrite heureusement en a été conservée[2].

Organisation du club des patriotes suisses établi à Paris.

PRÉAMBULE.

Les chaînes que traînaient depuis neuf ans dans les galères de Brest de vertueux citoyens, uniquement pour avoir défendu la cause de leur patrie, serraient de douleur et d'indignation les cœurs sensibles et philanthropes. L'Assemblée nationale française a couronné du succès nos premiers efforts, en brisant les fers de ces déplorables victimes de l'aristocratie.

Les grands principes de l'Assemblée nationale, la sagesse de ses décrets, le patriotisme brûlant et contagieux de la nation française ont rallumé dans nos cœurs le saint amour de la liberté, qui n'aurait jamais dû s'assoupir chez des Suisses. Le civisme a continué une société commencée par l'humanité. Son but, en conséquence, n'est autre chose que la propagation de la liberté dans ceux des cantons suisses et leurs alliés où l'aristocratie a dénaturé les premières institutions du pays. Aussi la société ne s'occupera-t-elle que des moyens

1. Castella reprocha à Roullier « de ce qu'il avait maltraité M. d'Affry dans sa réponse à Marat, disant que cette famille s'était bien conduite dans la dernière révolution de Fribourg, de l'année 1781 et 82. » Cf. un article de Roullier du 1er mars 1791 (on a imprimé par erreur 1790), contre Castella et le Blanc, dans *l'Orateur du Peuple*, t. V, n° 5, p. 44-47. La « dame Roullier » fut aussi impliquée dans l'affaire. V. *l'Orateur du Peuple, l. c.*, n° 17, p. 135, 136.

2. *Archives d'État de Berne*, Acta du Conseil secret, vol. XII, n° 164. Appendice d'une lettre du 28 décembre 1790.

d'appliquer à la Suisse les bases constitutionnelles de la régénération de France, sous la réserve des modifications qui seront dictées par les localités et les circonstances; ainsi, toute discussion étrangère ne pourra être du ressort de la société.

Nul ne pourra être admis dans la société ou club des patriotes suisses, s'il n'est originaire de l'un ou l'autre des treize cantons ou de leurs alliés, et les étrangers auxquels l'assemblée jugera à propos de permettre d'assister à ses séances ne pourront avoir que voix consultative.

Le récipiendaire sera présenté au comité par deux de ses membres. Ledit comité prendra des informations sur ses mœurs et sur sa conduite. Il promettra de se conformer aux statuts et règlements de la société.

Son nom sera inscrit sur un registre *ad hoc*. Il fera en entrant un don patriotique et payera chaque mois, et selon ses moyens, sa quote-part des frais de la société[1]. On ne pourra point entrer dans l'assemblée sans une carte qui sera donnée à cet effet.

Le bon patriote qui se trouvera dans la peine recevra secours et protection de ses frères. Si la société était instruite et convaincue qu'il existât dans son sein quelques faux frères, ils seront chassés de la société et leur nom sera inscrit sur un tableau affiché et appendu dans la salle, afin que les bons citoyens l'aient en horreur, et ils seront dénoncés aux journalistes patriotes.

L'assemblée se tiendra tous les mercredis à quatre heures du soir.

Chaque récipiendaire connaîtra plus amplement dans l'assemblée l'organisation des comités et des offices.

L'on s'occupera aussi dans le club à relire les droits de la Suisse et ses traités avec la France depuis François Ier jusqu'à cette époque.

Formule du serment qui doit être prêté par chaque récipiendaire.

Nous, soussignés, réunis sous le nom de club de patriotes suisses résidants en France, jurons de faire tous nos efforts pour que notre patrie recouvre sa liberté selon ses constitutions primitives et selon le droit naturel, sans que ni les récompenses, ni les menaces, ni les persécutions puissent jamais nous faire embrasser un parti contraire.

Nous jurons de ne nous point trahir, d'être inviolablement unis, de soutenir de tout notre pouvoir ceux qui se seront exposés pour le

1. Dans l'assemblée du 5 septembre, on avait fixé cette contribution de 24 ou 30 sols par mois. Le 30 septembre, on arrêta « que chaque membre mettra de plus à la masse le plus qu'il pourra à titre de don patriotique et le moins 9 sols. »

salut de la patrie et de ne jamais les abandonner. Nous jurons, en outre, d'être attachés à la nation française, à la loi et à son roi avec cette fidélité qui a toujours distingué notre nation.

Extrait du registre des délibérations du club des patriotes suisses.

NIQUILLE, *président;* KOLLY, *secrétaire.*

De l'imprimerie de Jean Bigot, rue de la Huchette, n° 20.

Le but principal du club restait, selon un discours de l'avocat Pitou de Lausanne prononcé dans la séance du 8 août 1790, « de faire une révolution en Suisse. » Castella, après avoir lu le même jour un mémoire, dans lequel il démontrait les abus du gouvernement du canton de Fribourg, proposa d'exciter les paysans de plusieurs bailliages de ce canton à se rassembler. Il proposa de les avertir qu'au cas où on voudrait les traiter d'insurgents comme dans la dernière révolution, ils seraient soutenus par une armée de volontaires suisses. Le mémoire, rédigé par Castella, s'il faut en croire un des rapporteurs clandestins, fut expédié vers la fin du mois d'août à toutes les communes du canton de Fribourg. L'original était en français, mais on décida le 22 août 1790 d'en faire imprimer 8,000 exemplaires allemands à Strasbourg. D'après un autre de ces rapporteurs, le fond dudit mémoire consistait à demander les droits de l'homme, l'égalité et par conséquent « la démocratie. » C'est en effet le fond d'une brochure de 18 pages qu'on trouve souvent dans les bibliothèques publiques et dans les archives de la Suisse : « *Lettre aux communes des villes, bourgs et villages de la Suisse et de ses alliés ou l'aristocratie suisse dévoilée, 1790.* » Elle porte la signature : « *Vos très affectionnés les patriotes suisses résidens à Paris et aux environs. Signés par ordre unanime de l'assemblée : Chaperon, président. Conus et Gremion, secrétaires. A Paris, ce 16 août 1790*[1]. »

L'auteur s'adresse principalement aux Fribourgeois, mais il ne néglige pas « le pays de Vaud, libre sous les ducs de Savoie, puisqu'on ne pouvait lui donner des lois que du consentement de ses états. » Il félicite tous ses « chers compatriotes » de voir les Français disposés « à seconder nos efforts pour recouvrer la précieuse liberté qui nous a été ravie. »

1. Je me sers d'un exemplaire de la *Bibliothèque municipale de Berne* (collection Lauterbourg. Histoire, 318).

Les lois, soit écrites, soit naturelles, nous donnent droit à la liberté. Selon les lois écrites, les Suisses ont droit d'être libres. Fribourg, que nous citons encore pour exemple, était libre du temps même de ses princes, qui étaient plutôt ses protecteurs que ses maîtres, et la communauté, qui comprend les anciennes terres, n'en reçut-elle pas son indépendance absolue? Ouvrez les lois constitutionnelles, vous y trouverez que la communauté est souveraine, que les magistrats ne sont que ses commis et que leur pouvoir n'est qu'annuel.

Il paraît que 2,000 exemplaires français du mémoire de Castella, enfermés dans une malle, partirent par la diligence pour Pontarlier. On osa même l'adresser directement aux gouvernements, par exemple « à Monsieur le landammann d'Uri pour le conseil et les communes du pays[1]. » Quant à la traduction allemande, je n'en ai jamais vu une copie. Le pamphlet de Castella n'était pas le seul qu'on essayât de répandre en Suisse. Il est fort vraisemblable que c'était le club des patriotes suisses qui se chargea de distribuer le « *Discours prononcé au Comité de la propagande par M. Duport, le 21 mai 1790*[2]. » Ce discours, en forme de brochure imprimée, contenait entre autres un plaidoyer en faveur de la propagande des principes démocratiques en Suisse. L'envoi de brochures n'était pas le seul moyen employé pour échauffer les esprits en Suisse. On instituait un « bureau de la Correspondance helvétique » dans la rue des Boucheries-Saint-Honoré, n° 20, près du Palais-Royal. Un écriteau portait en grandes lettres : « Bureau de la correspondance helvétique. » On avait l'intention de publier chaque dimanche un numéro sous le titre « Révolution de Suisse. Correspondance générale helvétique, » avec la devise : « Pro patria et libertate[3]. » La collection des matériaux pour l'histoire de la révolution de France, bibliographie des journaux (par *Deschiens*), Paris, 1829, en

1. *Archiv für Schweizerische Geschichte*, vol. I, p. 310.

2. Paris, 1790, 27 p. Je me sers d'un exemplaire de la *Bibliothèque municipale de Zurich* (*Mélanges helvétiques*, t. XVI). Le discours de Duport forme aussi une partie de la brochure « Dénonciation à toutes les puissances de l'Europe d'un plan de conjuration contre la tranquillité générale, suivie d'un discours prononcé au Club de la propagande, le 21 mai 1790, certifié véritable L. M. » Le bourgmestre de Saint-Gall en reçut deux exemplaires (cf. *Archiv für Schweizer Geschichte*, vol. I, p. 285). Cette brochure « Dénonciation, etc., » a été réimprimée dans le *Historisches Magazin*, publié par Spittler et Meiners, vol. VII, p. 715 seq.

3. *Archives d'État de Berne, l. c.*, vol. XII, n°s 8 et 9.

cite trois cahiers; le premier numéro du 1er août 1790, adressé « aux communes de Suisse, » contient les phrases suivantes : « Pour établir une communication réelle et intime avec vous, la Société patriotique vient d'ordonner, comme premier moyen d'organisation, l'établissement d'un Bureau de correspondance à Paris, par la voie duquel elle se propose d'avoir avec vous des relations suivies, de vous informer de ses délibérations, de vous rappeler la gloire de vos ancêtres, de vous développer enfin le droit de l'homme si longtemps méconnu. » Le 3 octobre, on instituait un « Comité secret et de correspondance » dont les membres étaient : Chaperon, président, Castella, Gremion, Roullier, Goisset, Le Coux, commissaires. Ce même comité fut chargé le 10 octobre « de traiter les opérations secrètes, afin d'éviter la trahison de quelques membres qui se rendent à l'assemblée générale. » Outre la correspondance hebdomadaire imprimée, émanée du bureau de correspondance, on adressa des lettres aux chefs de plusieurs communes, par exemple Zollikofen, Radelfingen, Entlebuch, ou à certains habitants des villages. On en choisit dans le seul canton de Berne à peu près une douzaine, comme Belp, Buemplitz, Kœnitz, Oberwyl, Diesbach, etc. Les aubergistes renommés recevaient beaucoup de ces lettres d'exhortation. Un des rapporteurs nomme « les aubergistes de la Croix-Blanche et de l'Aigle-Noir à Soleure, l'aubergiste des Trois-Rois à Bâle, les aubergistes de la Cigogne et de la Clef à Berne. » D'autres destinataires des envois du club étaient des habitants de Neufchâtel, d'Aubonne, de Versoix[1]. C'était là que séjournait le médecin Kolly, un des fauteurs les plus zélés de la Société qui comptait aussi son fils parmi ses membres. Ces envois de pamphlets et de correspondances, à croire les gens du club, ne manquaient pas tout à fait leur but. On se flatta de l'espoir de voir assemblées bientôt dans un village jurassien « les communes en Suisse, pour y concerter des représentations vives aux cantons sur leurs griefs et que dans le cas de refus les soldats partiraient armés pour opérer une révolution en Suisse. » Le 30 septembre, on rendit compte « des troubles qui agitent déjà le Valais et le pays de Vaud[2]. » « Mes-

1. Cf. *Leben der beiden Zürcherischen Bügermeister David von Wyss geschildert* von F. v. Wyss, 1881, vol. I, p. 74 : « Nous sommes inondés des libelles les plus infâmes, qui s'impriment chaque jour publiquement à Versoix, etc. » (Wattenwil à Wyss fils, 21 déc. 1791.)

2. Cf. Monnard, *Geschichte der Eidgenossen*, II, 485. Morell, *l. c.*, p. 45-50.

sieurs, s'écria Castella, si nous étions seulement quatre détachements de 40 hommes en Franche-Comté, sur les frontières du pays de Vaud, nous deviendrions bientôt formidables. » Il proposa Genève comme point de réunion. Il demanda à M. Goisset s'il ne connaîtrait pas quelqu'un dans les communes de Franche-Comté, à la frontière de la Suisse, pour y faire passer sous le couvert de l'Assemblée nationale des adresses aux communes suisses. Un autre demanda au même « si le château de Joux était bien fortifié et si l'artillerie en était forte, » en ajoutant « que, si l'on pouvait y avoir seulement dix pièces de canon, l'on ne craindrait pas la résistance. »

On rédigea une « nouvelle constitution » de la Suisse, dont malheureusement il ne se trouve pas de traces dans nos documents. Le 26 septembre, un des commissaires de la Société fit lire « une adresse aux cantons suisses pour les préparer à la nouvelle constitution. » De même Le Loup fit lecture d'un projet de convocation d'assemblées des communes de différents cantons « pour nommer un député par 100 hommes, pour tenir assemblée générale à un point de réunion dans la ville la plus commode. » Il proposa que dans chacune des assemblées on fit prêter serment à chacun des membres d'être « fidèles à la nouvelle constitution, » qu'alors les fautes seraient « réputées crime de lèse-nation, et les criminels pendus sur-le-champ, » que les procès-verbaux des assemblées partielles seraient envoyés au Comité de la Société, que, dès que la révolution serait faite, la Société partirait en différents détachements, que, pour passer sans obstacle et être sous la sauvegarde de la nation française, chaque membre de la Société prendrait individuellement un passeport.

Un correspondant de la Société résidant à Londres (supposé qu'il ne s'agisse pas d'un correspondant fictif) lui fit parvenir le formulaire d'une pétition à adresser au gouvernement bernois dont le but était la demande d'assembler les états du pays de Vaud. Un autre dressait la liste des lieux d'élection et du nombre des députés des états généraux du canton de Berne tout entier. (Pour la ligne inférieure ou de l'Argovie, 41 députés des villes, — Berne, 16, Laupen, 2, Aarau, 4, etc., — et 51 députés des bailliages. Pour la ligne supérieure ou l'Oberland, 59 députés des villes et des bailliages. Pour la ligne Romande ou du pays de Vaud, 39 députés des villes, 50 députés des bailliages.) « Détruisez Carthage, point d'ouvrage à demi : » voilà le thème de ces témoignages de sympathie, timbrés « Londres, 7 août 1790. » Les clubistes, développant une activité fiévreuse, s'échauffaient de plus en plus et se berçaient des illusions les plus extravagantes. Le 17 septembre 1790, un homme arrivant de Fribourg, nommé des Roches ou La Roche, se présenta à l'assemblée et lui fit part des progrès que faisaient les lettres et les discours adressés aux communes. Le 19 septembre, Kolly manda « que, si l'on voulait partir sous 6 à 8 jours, on aurait tout le pays de Vaud qui était prêt à se joindre à eux. » Une semaine plus tard, on fit lecture de plusieurs lettres de différents endroits des cantons de Berne, Fribourg et du pays de Vaud dans lesquelles on annonçait déjà des révolutions. Le 3 octobre, un des membres de la Société annonça la prise de l'arsenal de Berne. Le même soir, « un grand jeune homme » arriva en racontant « que les révolutionnaires, ses correspondants, étaient entrés dans Soleure avec 20 pièces de canon. » Sur cette nouvelle, Castella dit : « Messieurs, si nous pouvons avoir la place que vous savez et l'artillerie, nous n'avons rien à craindre. »

En vain quelques-uns des correspondants de la Société s'efforçaient de détruire ces douces illusions. « Je vous dis, écrivit un inconnu à M. Gobet, suisse chez M. d'Agny, intendant général des postes, que votre patriotisme est un peu étourdi et peu éclairé. Vos amis vous ont vendus, tout est connu, éventé et prévenu. Plus de retenue, moins de vivacité, peu à peu cela aurait fait meilleur effet. Il faut des précautions bien sages, des moyens bien fins pour réparer vos sottises. » Une autre lettre, signée d'un « curé de la montagne, » du 8 octobre 1790, contenait les phrases suivantes : « Vos amis vous trahissent, vos confrères vous vendent, vos confidents ont ouvert le secret. Tout est perdu pour le moment... Vous vous arrangez en étourdis. C'est la sottise de 1781. Vous ne connaissez ni les hommes ni le pays. Le moment est passé, on est sur ses gardes... N. B. La lettre aux communes a tout gâté, elle était trop forte et révoltante. » Les clubistes persévéraient à se vanter « qu'il ne faut, à l'exemple du valeureux Tell et de tant d'autres dont ils ont cité les noms, que vouloir pour pouvoir, que leurs noms passeraient à la postérité comme ceux de ces héros. »

Ce qui contribua longtemps à tromper les chefs de la Société des patriotes suisses sur l'efficacité de leurs moyens, c'était l'espérance de gagner beaucoup d'adhérents parmi les militaires d'origine suisse résidants en France. Le régiment des gardes suisses, déjà travaillé par l'esprit révolutionnaire, promettait d'offrir un point d'attaque très favorable. Dès juillet on remit des adresses en faveur des soldats de ce régiment, soit à l'Assemblée nationale, soit au club des Jacobins, soit à Lafayette. On accueillit joyeusement le 8 août un grenadier et on lui dit qu'on ferait avoir aux soldats tout l'argent qu'ils avaient à réclamer sur la caisse du régiment, « à condition qu'on puisse compter sur eux dans l'occasion. » On voulait en outre le charger d'inviter les casernes de Rueil et de Courbevoie pour leur première séance. Mais il disait « que ses affaires ne lui permettaient pas de se charger de cette commission. » Roullier lisait un mémoire au sujet du régiment des gardes suisses, qu'il avait présenté à M. de Lameth. Il y traita « M. d'Affry de gueux abominable, M. de Besenval de traître, M. de Bachmann d'escroc qui malgré ses vols ne sera jamais en état de payer ses dettes[1]. » Castella, en développant son idée d'une insurrection à diriger contre le gouvernement fribourgeois, s'écria : « Les braves gardes suisses et tous les bons patriotes se joindront à nous et nous périrons tous comme Brutus avec nos frères ou rendrons la première liberté à notre patrie. » La séance se termina par la lecture d'un nouveau mémoire de Roullier, concernant le régiment des gardes suisses, mémoire rempli d'injures contre les chefs dudit régiment. Il proposa de les dénoncer à l'Assemblée nationale et leur faire rendre compte de leur conduite et de l'emploi de l'argent qui était entré dans la caisse depuis quinze années.

Dans la séance du 15 août, le commissaire du district des Prémontrés appuya ces propositions par la lecture d'un mémoire. Cet écrit contenait en outre la demande que le droit de faire des sergents et caporaux fût accordé aux soldats et que les capitaines fussent obligés de nommer aux places d'officier les sergents les plus capables. Un nommé *Rubati*, grenadier de la compagnie de Diesbach, à Courbevoie, s'offrit pour être de la députation qui devait présenter ce mémoire à l'Assemblée nationale. Castella assura, le 22 août, ses amis que celle-ci accueillerait favorablement toutes les plaintes des gardes suisses, présentées par des membres du club. Il ajouta que, sur l'avis d'un membre de la Constituante, le décret du 18 août ne regardait pas les gardes suisses[2]. Roullier, d'autre

1. C'étaient les trois principaux officiers du régiment, v. Morell, p. 94.

2. Il parle de l'article 5 de ce décret, mais il s'agit de l'article 6 : « Les régiments suisses et grisons conserveront jusqu'au renouvellement de leurs capitu-

part, se plaignit vivement vis-à-vis M. de Noailles que ce même décret paraissait abandonner de nouveau les soldats patriotes, victimes de leur zèle, à la cupidité et mauvaise foi de leurs chefs qui les ont si cruellement opprimés[1]. On ne se lassait pas d'exciter de toute manière les troupes en s'introduisant dans les casernes et dans les cabarets, de distribuer des papiers imprimés parmi les régiments, de rédiger des adresses en faveur des « simples soldats » et destinées pour l'Assemblée nationale. En voici une fort caractéristique qui ne paraît pas avoir été expédiée :

Adresse à l'Assemblée nationale.

Messieurs,

C'est par la sagesse de vos décrets que l'empire des préjugés et du despotisme vient de succéder à celui de la justice, de la raison. Vous avez porté l'œil pénétrant de la réforme sur toutes les parties, et celle concernant le militaire n'est point échappée à votre sagacité. Déjà le simple soldat espère, par son mérite, parvenir aux places qui, ci-devant, n'étaient réservées qu'à une classe privilégiée ici; bientôt la nomination de ses chefs sera à son choix; bientôt il aura droit de se faire rendre compte des deniers de la masse, et sa solde ne serait plus employée par la cupidité, par la mauvaise foi.

Quel véhicule pressant pour les troupes! Que de motifs qui doivent les porter à soutenir la constitution, à aimer le service et à s'attacher de plus en plus à la défense et aux intérêts d'une patrie qui les traite d'une manière aussi juste que tendre!

Les troupes du corps helvétique dont vous avez daigné vous occuper attendent de vos bontés et de votre justice ce même régime et le même traitement. Elles ne vous sont étrangères que de nom. Leur fidélité, leur zèle et leur patriotisme pour une nation qu'elles servent avec autant de gloire que de satisfaction ne sont point équivoques, et c'est ce zèle et ce dévouement qui déplaisent à quelques-uns de leurs chefs et qui attirent au soldat, maintenant plus que jamais, des menaces et des mauvais traitements. Seraient-ils donc les seuls qui, dans le centre et l'asile de la liberté, gémissent encore sous la verge de fer du despotisme et de l'aristocratie? Non, votre courage ne laisse rien à désirer. Tous, et notamment ceux qui composent la maison du roi et celle de ses frères, participeront aux mêmes faveurs que les

lations les appointements de solde dont ils jouissent en vertu d'icelles. » *Archives parlementaires*, vol. XVIII, p. 142.

1. Roullier à M. de Noailles, 21 août 1790. Copie. *Archives d'État de Berne*, *l. c.*, XII, n° 17.

troupes de ligne. Ils espèrent que les capitaines, les gouverneurs des châteaux et les chefs des autres départements qui ont des Suisses sous leurs ordres et qui, toujours fiers de l'impunité, ont été sourds aux réclamations les plus justes, seront enfin forcés à rendre compte, et que la moitié des sommes provenant de cette restitution, depuis qu'ils sont en possession de leurs compagnies et de leur gouvernement, sera versée dans la caisse de la nation, attendu qu'aucun traité n'attribue ce bénéfice à tel ou tel canton ou à telle ou telle famille au préjudice des communes helvétiques, qui ont toujours été vos alliés, et non pas trente ou quarante familles aristocrates qui ont violé la souveraineté de leurs commettants, et nous demandons l'exécution des premiers traités avec les communes, dont nous venons d'exprimer le vœu et les réclamations.

Cependant les soldats opposaient aux provocations et aux séductions du club une résistance inattendue. Il y en avait très peu aux séances. Les soldats du régiment des gardes à Rueil préféraient se tenir à l'écart de la capitale, parce qu'ils « croyaient être exposés de la part de ceux qui travaillent à soulever la Suisse. » Roullier se plaignit du peu d'énergie des soldats des gardes, parce que Rubati lui témoignait l'envie de se retirer du club, « disant qu'il ne pourrait pas compter sur la plupart de ses camarades qui avaient du bien en Suisse. »

L'insurrection bien connue du régiment suisse Lullinde-Châteauvieux, à Nancy, offrit une occasion nouvelle au club helvétique de s'immiscer dans les affaires de ses compatriotes à la solde du gouvernement français. Castella proposa le 29 août d'envoyer une députation au régiment de Châteauvieux pour engager les soldats à rentrer dans l'ordre et leur enseigner quels sont les moyens « de faire leurs réclamations. » On fit lecture d'un papier public ayant pour titre « *le Postillon par Calais*, » dans lequel on cherchait à prouver « que l'insurrection était l'ouvrage des officiers qui étaient à la tête de la nation suisse, que par ce moyen ils comptaient mettre les soldats dans leur tort, obtenir de l'Assemblée un décret fulminant contre ces mêmes soldats et indisposer l'Assemblée contre les réclamations légitimes que les autres régiments suisses allaient faire. » C'est dans le même sens que le club fit parler « les patriotes suisses militaires et autres résidants à Paris » dans une adresse à l'Assemblée nationale, rédigée par un commissaire du district des Prémontrés; elle tendait à l'abrogation de l'article 5 du décret du 18 août :

Traitez-nous comme vos troupes de ligne, traitez-nous comme enfants de la nation, nous le sommes et nous le serons toujours par nos sentiments tendres et respectueux dont nous ne nous écartons jamais. *Ces sentiments nous font gémir sur l'insubordination du régiment de Châteauvieux. Ah! si nous en avions été plutôt instruits, nous aurions fait toutes les démarches qui auraient dépendu de nous pour le ramener à une soumission et à une obéissance dont il n'a pu s'écarter qu'à l'instigation de quelques personnes mal intentionnées et ennemies de la révolution.*

Cette adresse fut présentée à l'Assemblée nationale le 2 septembre 1790[1]. Selon le récit d'un des correspondants secrets des gouvernements suisses, l'Assemblée nationale aurait marqué « un fort mécontentement » au président d'avoir admis à la barre « les prétendus patriotes. »

Ils ont été hués, bafoués, on a continuellement murmuré; un Suisse a porté la parole, moitié français moitié allemand, on l'a souffert avec impatience, on a trouvé aussi extraordinaire que ridicule que ces gens-là se fissent les représentants de la nation. Ils ont parlé du despotisme de leur patrie et des chefs de troupe, de l'aristocratie, de leur attachement à la constitution; enfin, ils ont mis tout en œuvre, et le résultat a été de les voir partir avec infiniment de plaisir, sans donner aucune suite, aucune attention à leurs demandes, sans seulement en dire un mot, soit pour en délibérer, soit pour envoyer cela à quelque comité. La chose a fini là et est tombée à plat, tous les députés en faisant les gorges chaudes.

Mais ce récit est rectifié par un autre rapporteur le 6 septembre de la manière suivante :

Ce que l'on avait mandé de la réception des Suisses de porte à la barre est un rapport faux de toute fausseté. Voici le fait : les Suisses se sont présentés à la barre avec un mémoire corrigé et augmenté même par le président, que l'avocat Castella l'a lu et a porté la

1. Il y a un imprimé de cette « Adresse des patriotes suisses résidants à Paris à l'Assemblée nationale, » avec la « Réponse de M. le Président, extraite du procès-verbal de l'Assemblée nationale, du jeudi 2 sept. 1790, » et une lettre à « Messieurs les bas-officiers et soldats des régiments suisses au service de France. » A Paris, de l'imprimerie de Millet et Cie, imprimeurs de l'Assemblée des patriotes suisses, rue de la Tixanderie, n° 36. In-12, 8 p. *Archives d'État de Zurich*, tr. 8, th. 2, n° 25. *Bibliothèque de la ville de Berne*. Collection de brochures (coll. Lauterbourg. Histoire, 359). L'imprimé diffère çà et là du manuscrit (*Archives d'État de Berne, l. c.*, vol. XII, n° 20).

parole, que le côté droit a demandé quels caractères avaient ces gens-là pour se présenter et être admis à la barre, que le président a parlé en leur faveur, que le côté gauche et les galeries les ont applaudis à tout rompre, que le président leur a répondu et les a traités comme les représentants et ambassadeurs de la nation l'auraient été, qu'il leur a accordé l'honneur de la séance et d'être assis pêle-mêle avec les députés, qu'on y a autorisé la continuation de leur assemblée. L'avocat avait à ses côtés deux grands Cent-Suisses, un seul grenadier aux gardes, un certain nombre de Suisses de porte et d'autres, etc.

A la suite de cet événement mentionné dans les procès-verbaux de l'Assemblée nationale[1] du 2 septembre, le courage et l'orgueil des clubistes allèrent en croissant. On résolut le 5 septembre, dans une assemblée fort nombreuse (plus de 400), de faire parvenir par le président, par le vice-président et par deux commissaires à l'Assemblée nationale, avec un discours de remerciement au maire, à M. de Lafayette et au district des Prémontrés, la « Lettre aux communes des villes, bourgs et villages de la Suisse. » On résolut aussi de faire parvenir ce même pamphlet et le discours du président de l'assemblée aux 48 sections de Paris, d'écrire à tous les régiments « pour leur recommander la paix et la tranquillité et leur demander s'ils ont quelque chose à réclamer de s'adresser au club helvétique à Paris, qu'il leur fera rendre justice par l'Assemblée nationale[2]. Après avoir appris que tous ceux qui s'étaient compromis dans l'insurrection du régiment Châteauvieux seraient bannis de leur patrie et privés de leurs biens, on résolut de faire une adresse à l'Assemblée nationale « en prouvant que les officiers ont eu beaucoup de torts. » Chacun des assistants donna un écu de contribution pour les frais.

La chose principale était de gagner les gardes suisses garnisonnés à Rueil et Courbevoie. Mais c'est là précisément que la propagande révolutionnaire subit une défaite décisive. Le jeune Roullier se porta le 11 septembre à Courbevoie. Il s'adressa à la municipalité pour la charger de la distribution d'un paquet contenant beaucoup d'exemplaires de la « Lettre aux communes » et de l'adresse à l'Assemblée nationale aux casernes : « La municipa-

1. *Archives parlementaires*, vol. XVIII, p. 511.

2. C'est en effet le sens de la lettre « A Messieurs les bas-officiers et soldats des régiments suisses au service de France, » annexe de l'adresse imprimée des patriotes suisses, cf. *supra*, p. 300.

lité se souvint d'un mot du maréchal de Saxe, que la décadence des empires a été causée par l'indiscipline, » et arrêta :

1° Que quiconque se présentera à la caserne du régiment des gardes suisses pour y lire et faire signer des adresses ou pétitions, sans être porteur des ordres du roi, d'un décret de l'Assemblée nationale, des pouvoirs des souverains des cantons suisses ou d'un ordre signé d'un officier major du régiment, seront regardés comme violateurs à la loi, ennemis du roi, de la nation et de nos braves et fidèles amis les Suisses et Grisons.

2° Que les délinquants seront conduits par-devant la municipalité et envoyés au Châtelet, si le cas le requiert, pour être poursuivis comme voulant fomenter une insurrection dans notre paroisse.

3° Que M. le commandant de la garde nationale sera prié de se présenter chez M. le commandant des casernes pour lui communiquer notre délibération, avec invitation à mon dit sieur commandant de nous instruire des démarches et tentatives que des mal intentionnés pourraient faire auprès des compagnies qu'il commande, pour les porter à l'insubordination.

A Rueil, on saisit les papiers dont Roullier était porteur, mais on ne les distribua pas aux casernes. Les chefs du régiment permirent de les lire devant les officiers et bas officiers en les commentant, puis ordonnèrent qu'ils fussent brûlés par la main des prévôts au milieu de la caserne.

L'Assemblée nationale fut avertie le 19 septembre par M. de Noailles, membre du Comité militaire, de ce qui s'était passé à Courbevoie et à Rueil. Elle décréta aussitôt que le président écrirait aux municipalités de Rueil et de Courbevoie en approuvant leur conduite sage et prudente, qu'il serait défendu à l'avenir à toutes associations ou corporations d'entretenir, sous aucun prétexte, aucunes correspondances avec les régiments français, suisses et étrangers qui composent l'armée, qu'il serait également défendu auxdits corps d'ouvrir et de continuer de pareilles correspondances[1]. Le club n'avait pas attendu l'intervention de l'Assemblée nationale pour désavouer les menées d'une de ses têtes chaudes. Quand Roullier père, le 12 septembre, fit un rapport pour se plaindre de ce qui était arrivé à son fils, Castella désapprouva hautement la conduite de celui-ci. Il proposa d'écrire une lettre d'invitation aux chefs et à tous les officiers et bas officiers du régi-

1. *Archives parlementaires*, vol. XIX, p. 68.

ment des gardes suisses pour les inviter à se rendre avec leurs subordonnés aux assemblées des patriotes suisses. On adopta cette motion et on le chargea d'écrire la lettre et de la faire imprimer.

Le 19 septembre, on adopta la motion de Pitou d'envoyer une députation à tous les membres de l'Assemblée nationale, « pour les instruire de la pureté de leurs sentiments et de leurs intentions qui n'étaient fondés que sur la justice et l'équité qui dérivaient de leur déclaration du droit de l'homme. » Le décret de l'Assemblée nationale, du même jour, gêna sensiblement les clubistes. Sur le rapport qu'en firent le 26 septembre Rey et Le Loup, les esprits s'échauffèrent. Après une longue discussion, on résolut qu'on n'inviterait pas les soldats du régiment des gardes suisses, mais qu'on recevrait ceux qui viendraient aux assemblées en habit bourgeois et qu'on continuerait d'être en correspondance avec les régiments suisses. Castella rédigea en outre un mémoire tendant à démontrer à l'Assemblée nationale « qu'elle a été induite en erreur et sa religion surprise par l'état-major des gardes suisses et les municipalités de Rueil et de Courbevoie. » Il le fit suivre d'un autre mémoire adressé au comité militaire qui ne s'en occupa que le 20 octobre. Voici le texte de ce document caractéristique[1] :

A Messieurs les députés du comité militaire de l'Assemblée nationale.

Messieurs,

La société des patriotes suisses est vivement affectée de se trouver, en quelque sorte, compromise dans les procès-verbaux du 14 septembre des municipalités de Rueil et Courbevoie, ainsi que dans le décret de l'Assemblée nationale rendu en conséquence. On a supposé que cette société a voulu faire distribuer aux soldats des gardes suisses des écrits suspects propres à les soulever; mais cette imputation est sans fondement. Vous vous rappelez, Messieurs, que la société des patriotes suisses présenta à l'Assemblée nationale une adresse avec le projet d'une lettre à envoyer aux bas-officiers et aux soldats de tous les régiments suisses au service de France pour les exhorter à la subordination et à observer régulièrement le serment d'obéir à la nation, à la loi et au roi.

L'Assemblée nationale a accueilli cette démarche et a accordé aux députés des patriotes suisses l'honneur d'assister à sa séance.

1. *Archives d'État de Berne*, Acta du Conseil secret, XII, n° 136, cf. n° 139.

Plusieurs folliculaires ayant dénaturé l'adresse des patriotes suisses et blâmé leur démarche, ceux-ci ont cru, pour détromper le public, devoir faire imprimer cette adresse avec la réponse de M. le président de l'Assemblée nationale et la lettre circulaire pour les bas-officiers et les soldats des régiments suisses. Les patriotes suisses ont fait passer, non directement aux soldats, mais aux municipalités des places où leurs compatriotes sont en garnison, des exemplaires de ces écrits. Ils y ont joint la lettre aux communes des villes, bourgs et villages de la Suisse, ci-jointe, priant les municipalités de communiquer ces papiers aux bas-officiers et aux soldats de ces régiments.

Le premier de ces écrits doit être à l'abri de toute critique, attendu qu'il a été présenté à l'Assemblée nationale et qu'elle l'a favorablement reçu.

La lettre aux communes de la Suisse dévoile une partie des vexations que leurs despotes exercent sur les personnes et les biens de leurs ressortissants. Elle est, en cela, parfaitement analogue aux principes et décrets de l'Assemblée nationale et elle ne contient pas un mot qui puisse porter le soldat à l'insubordination.

Aussi la société a été informée par voie indirecte qu'elle n'a été compromise dans les procès-verbaux des municipalités de Rueil et Courbevoie que par une missive écrite et signée par un citoyen qui, non seulement n'a jamais été chargé de cette mission, mais même a été improuvé par ses compatriotes d'avoir pris en son nom personnel un parti qu'elle désavoue, de même que toutes adresses qui n'émaneraient pas de son comité.

Les assemblées des patriotes suisses ne peuvent être suspectes. Elles ne furent jamais clandestines. M. le maire de Paris en a été prévenu. L'Assemblée nationale ne les a pas ignorées. Deux députés du district des Prémontrés y ont toujours assisté et ils ont été témoins de l'activité et du zèle de ces patriotes à exhorter les soldats de leur nation à se distinguer par l'amour de l'ordre, par l'obéissance à leurs chefs, par leur fidélité à la nation française, par leur respect pour les décrets de l'Assemblée nationale et par leur attachement à la constitution et à ses principes.

Pour ce qui est de leurs écrits, les patriotes suisses se font un honneur, comme un devoir, de les communiquer à la commune de Paris, à M. le maire, au commandant général, aux sections de la capitale et à un grand nombre de citoyens distingués, sans qu'aucun ne les ait encore désapprouvés. Daignez, Messieurs, les examiner. On est persuadé que vous n'y trouverez rien qui ne remplisse le vœu de la plus exacte subordination des militaires suisses, et les patriotes se flattent qu'ils seront reconnus comme ne le cédant à personne en patriotisme et en tout ce qui peut tendre au bonheur de la nation française et l'opérer.....

On ne négligea pas de s'adresser à des membres particuliers de l'Assemblée nationale, dont on espérait gagner la protection. Les Lameth étaient déjà connus comme favorables à la société. Fréteau et Noailles paraissaient partager leurs idées. On décida de leur envoyer une députation. Mirabeau avait mérité les mêmes égards à cause de l'incident suivant. Le 18 septembre, quand « une députation du peuple liégeois » se présenta à l'Assemblée nationale, le côté droit, en protestant contre leur admission dans l'intérieur de la salle, demanda à grands cris les pouvoirs de ces députés, et fit une allusion malicieuse à la députation des patriotes suisses admise le 2 septembre. Mirabeau prit leur défense en prononçant de la tribune ces paroles : « Au reste, quant au reproche qu'on a voulu faire à l'égard des Suisses, il porte entièrement à faux. L'Assemblée, en les recevant, savait parfaitement qu'ils n'étaient pas envoyés par les treize cantons, mais députés d'un club. »

Sur cela, le club, après une longue discussion, arrêta « qu'il sera envoyé à M. de Mirabeau une députation pour le remercier de l'intérêt qu'il a pris aux patriotes suisses, que cette députation sera composée d'un grenadier des gardes, d'un Cent-Suisse et de deux bourgeois. » On décida en outre « que cette même députation ira s'informer, comme ont déjà fait les autres clubs, de la santé de M. Loustalot, rédacteur des *Révolutions de Paris*, qu'elle verra de même Camille Desmoulins[1], l'ami du peuple, etc. »

Je ne sais pas quelle impression cette députation a rapportée de sa visite chez Mirabeau. Ce qu'on ne saurait pas contester, c'est que son opinion, relative aux menées des patriotes suisses, était fort dédaigneuse. Il avait démontré dans une de ses notes secrètes pour la cour, du 13 août, la nécessité de séparer les troupes suisses du reste de l'armée, et de leur donner un inspecteur particulier. En revenant à cette idée dans sa dix-septième note du 14 août, il disait :

1. Il faut remarquer la phrase suivante des *Révolutions de France et de Brabant*, n° 50, p. 499 : « Les Suisses commencent à rêver profondément sur l'aristocratie de M. l'avoyer de Berne, de leurs baillis et de leurs fiscaux. L'insurrection a déjà éclaté dans le bas Valais, etc. » Cf. un article des *Révolutions de Paris*, n° 65, p. 670, intitulé : « Un petit mot à M. de Noailles sur le décret qu'il a arraché à l'Assemblée le 19 septembre 1790. »

Les Suisses établis dans la capitale, c'est-à-dire presque tous les portiers de Paris et un grand nombre des Cent-Suisses du roi, forment un club animé et dirigé par MM. Duport et Menou. Ce fait est certain. D'après les insinuations de ces apôtres du trouble, ils ont député à l'Assemblée nationale. Le président leur a répondu comme il l'aurait fait à des ambassadeurs des treize cantons. Ces Suisses, expatriés pour la plupart, et dont l'orateur, condamné à être pendu dans son canton, a, dans ce moment, encore son effigie suspendue à la potence; ces Suisses, encouragés par ce succès et toujours dirigés par nos machinistes incendiaires, deviennent les missionnaires de la religion du désordre auprès des régiments suisses, travaillent avec activité à leur donner toutes les prétentions des soldats français, à leur faire réclamer l'accès à toutes les places d'officiers, la revision des comptes, et, en un mot, là aussi on travaille en insurrection. De plus, ces Helvétiens francisés inondent la Suisse de décrets révolutionnaires, de feuilles séditieuses contre les gouvernements; enfin, le mécontentement et les alarmes, chez les corps gouvernants et les citoyens paisibles, sont portés au comble dans cette nation, et ils délibèrent pour retirer leurs troupes du service de France et sur les moyens de les garantir de la contagion[1].

Castella, en rendant compte, le 26 septembre, du « résultat des visites qu'ils avaient faites « à plusieurs députés de l'Assemblée nationale, » ne fit pas mention du nom de Mirabeau. Quant à Fréteau et Noailles, il en était peu satisfait. Il annonça que l'Assemblée ne pourrait jamais compter sur ces deux membres. » On avait plus de succès auprès de Marat. Le 30 septembre, on fit part de l'adhésion de l'ami du peuple à l'invitation du comité de correspondance « de venir aider la direction de ses travaux. » Il posa cependant la condition qu'il n'y aurait que six membres au plus avec lui. D'autres personnages célèbres de la Révolution, dont les noms se lient à l'histoire de la Société des patriotes suisses, sont le marquis de Sillery et Barnave. Le premier fit savoir, en octobre 1790, aux clubistes « que les officiers des gardes suisses les avaient dénoncés comme incendiaires et aristocrates (*sic !*), qu'il leur accordait sa protection. » Le second est mentionné dans une lettre de Roullier : « M. Barnave vient d'être nommé président[2], jeune homme de vingt-huit ans; en air, paroles, lumières

1. *Correspondance entre le comte de Mirabeau et le comte de la Marck*, p. par A. de Bacourt (éd. Bruxelles), vol. I, p. 388.
2. 25 octobre, 8 novembre 1790.

et droiture des sentiments, il vaut mieux que tous nos tyrans du canton de Berne et de Fribourg. Il loge chez les MM. de Lameth que j'ai occasion à voir souvent. »

C'étaient les chefs des Jacobins qui partageaient les intérêts des patriotes suisses. L'abbé Grégoire, selon toute vraisemblance, « leur donnait des conseils, » en disant « que dans peu on aurait une révolution en Suisse[1]. » Duport, l'ami des Lameth et de Barnave, avait dit dans son « discours, prononcé au Comité de la propagande, le 21 mai 1790 » : « Il importe que tous les cantons de la Suisse deviennent démocratiques. » Il avait ajouté : « C'est par Lucerne ou Fribourg qu'il faut commencer vigoureusement et non par le redoutable canton de Berne ; il ne faut pas cependant le négliger, tant s'en faut ; mais ce n'est pas le pays allemand qu'il faut chercher à séduire, c'est le pays conquis, le pays de Vaud..... Berne doit suivre le sort des autres cantons aristocratiques, Berne ne pourra résister à l'impulsion totale, mais il faut diriger les efforts sur Lucerne et Fribourg, tout y est disposé. »

Il va sans dire que les gouvernements des cantons suisses firent leur possible pour contrecarrer les projets des clubistes[2]. Continuellement avertis par leurs espions des désirs de la société, ils surent empêcher l'entrée des brochures et des lettres émanées de cette source, ou les saisir chez les libraires ou chez les particuliers. Ceux-ci eux-mêmes livraient quelquefois aux magistrats ce qui leur était parvenu de Paris. On renouvela les ordres les plus stricts de censure et on surveilla soigneusement les colporteurs et les aubergistes. En quelques endroits, comme à Altorf, on fit brûler publiquement par la main du bourreau la « lettre aux communes » rédigée par Castella. Le gouvernement de Lucerne envoya un mandement au capitaine Duerler, par lequel l'État défendait, sous peine de bannissement perpétuel et de confiscation du bien, à tous ses sujets, toute relation avec le

1. *Lettre du général Zurlauben adressée à son ami Balthasar*, 4 août 1790. Bibliothèque cantonale d'Aarau, mss. Zurlauben écrit : « On dit que l'abbé Goute (Goutles), membre de l'Assemblée nationale, leur donne des conseils, » mais l'abbé qu'il veut désigner est Grégoire, ce qui est démontré par la phrase suivante : « Cet abbé est le même qui a soutenu les deux galériens fribourgeois. » Je dois à la complaisance de M. le Dr Herzog, archiviste d'État à Aarau, la communication de quelques extraits de la correspondance Zurlauben.

2. La correspondance des gouvernements suisses relative à cette affaire a été publiée par Hottinger dans l'*Archiv für Schweizerische Geschichte*, vol. 1.

club suisse[1]. Les gouvernements de Fribourg et de Berne publièrent une proclamation, par laquelle ils déclarèrent leur intention de faire punir tous ceux de leurs sujets qui pourraient être convaincus d'avoir pris part aux attentats de la Société « des Suisses patriotes, » comme coupables de haute trahison[2]. Ils firent plus. Ils adressèrent ces proclamations au comte d'Affry, lieutenant général et colonel du régiment des gardes suisses, aux commandants de leurs régiments et compagnies au service de la France, et au comte de Montmorin, ministre des affaires étrangères. « Nous osons nous flatter, — écrivait au ministre le gouvernement bernois, le 18 septembre, — que Votre Excellence trouvera ce décret, non seulement juste et autorisé par les lois de toutes les nations, mais que Sa Majesté chrétienne, informée de cette association criminelle, en ordonnera la destruction et la punition des coupables, conformément aux principes du droit sacré des gens et aux articles les plus précis de l'alliance contractée avec sa couronne en 1777[3]. »

Cependant, comme les clubistes osèrent s'arroger vis-à-vis de l'Assemblée nationale et vis-à-vis des régiments suisses « la qualité de représentants de la nation helvétique, » une démarche collective du corps helvétique entier paraissait être convenable. Fribourg avait demandé la convocation d'une diète générale pour y traiter l'affaire de la société des « patriotes suisses. » Mais, comme cette idée rencontra beaucoup d'objections, on se contenta de glisser quelques phrases relatives au club dans la lettre collective du corps helvétique, du 21 septembre 1790, adressée au roi Louis XVI, à la suite de l'insurrection du régiment Châteauvieux[4]. On ne reçut pas de réponse. Cependant, le lieutenant-général d'Affry fit parvenir à Zurich, comme « Vor-Ort, » le 14 octobre, les nouvelles suivantes :

J'ai été appelé dimanche dernier par M. de Montmorin à une conférence composée de MM. le duc de Châtelet, le comte de Menou, de Fréteau et Dandré, membres du comité diplomatique. On y a traité de l'affaire du club des prétendus patriotes suisses, sur laquelle j'avais

1. Lettre de Balthasar à Zurlauben, 2 novembre 1790. *Bibliothèque municipale d'Aarau*, mss.
2. Imprimé du placard bernois, du 15 septembre 1790. *Archives d'État de Berne*, Acta du Conseil secret, vol. XII, n° 37.
3. *Archives d'État de Berne*, *l. c.*, n° 38.
4. *Archiv für Schweizer Geschichte*, *l. c.*, p. 300.

déjà réclamé par une lettre à M. de Montmorin, en le priant de prendre les mesures les plus efficaces pour détruire un tel abus. Les députés du comité diplomatique en ont senti la nécessité, et j'ai lieu d'espérer qu'on va y mettre ordre.

C'était sans doute à cette époque que la société des patriotes suisses présenta au comité diplomatique le mémoire suivant, que j'ai trouvé aux *Archives nationales*[1] :

A Messieurs du comité diplomatique de l'Assemblée nationale.

Messieurs,

Votre comité étant chargé de la partie qui concerne les traités avec les puissances étrangères, le club des patriotes suisses se fait un devoir de vous exposer les motifs qui ont donné lieu à sa formation et à la fin qu'il se propose.

Il n'a pas à se disculper de fautes commises, mais il doit se prémunir contre la calomnie.

La formation de ce club est un effet des principes lumineux que l'Assemblée nationale a établis pour le bonheur du genre humain; il ne s'est point couvert du voile de la clandestinité. M. le maire en a été prévenu, des commissaires du district des Prémontrés y ont toujours assisté et l'Assemblée nationale a reçu avec approbation *deux fois*[2] ses députés, et leur a accordé les honneurs de sa séance.

Les décrets de l'Assemblée nationale font sa règle inviolable. Les membres qui le composent ont commencé par jurer d'être fidèles à la nation, à la loi et au roi. Leur but est de resserrer plus fortement que jamais les liens qui unissent la Suisse à la France, en rétablissant dans leur patrie les droits de l'homme et du citoyen. Deux nations voisines pourroient-elles être plus étroitement liées que par l'uniformité des principes? La plupart, jugeant de la Suisse par ce qu'elle a été et par ce qu'elle a encore droit d'être, l'exaltent comme un modèle d'un gouvernement sage qui a pour base l'égalité.

Mais quelle erreur! Il n'est point de païs où l'inégalité soit plus extrême. Des magistrats commis dans le principe pour maintenir les constitutions les ont violées; amovibles par la loi, ils se sont rendus perpétuels; mandataires, ils se sont arrogé, ainsi qu'à leurs descendans, la propriété et l'exercice exclusif de la souveraineté et de tous les pouvoirs. Cette usurpation est un crime de lèze-nation; il est atroce. Cependant, le peuple, bon et point ambitieux, l'auroit proba-

1. *Arch. nat.*, D. XXIII, 1 (unique) vol. Comité diplomatique.
2. Le 3 juillet et le 2 septembre 1790.

blement dissimulé si les usurpateurs en avoient usé avec équité et modération.

Mais, hélas! un grand homme l'a dit : « Point de gouvernement plus corruptible, point de plus corrompu que l'aristocratie, surtout lorsqu'elle est héréditaire. » Les aristocrates suisses en fournissent une preuve bien convaincante. Ils se sont tout permis pour avilir et oprimer leurs concitoyens; dès longtemps on murmure, dès longtemps les abus, les vexations font regretter au peuple sa première dignité et gémir sur son abaissement. Comment remédier à ses maux? Les plus justes et les plus humbles remontrances, l'invocation des lois constitutionnelles, la demande d'un tribunal pour juger les différens d'entre le magistrat et le peuple; tout cela est qualifié de sédition, de crime de haute trahison, poursuivi et puni comme tel; et, pour anéantir tous drois d'un côté et se rendre despote de l'autre, les magistrats d'une ville, bâtie vers la fin du XIIe siècle, ont eu l'impudence de déclarer, par des décrets du 11 décembre 1781 et 19 février 1782, qu'ils ne tenoient leur puissance que de Dieu seul, et qu'ils n'en rendroient jamais compte ni médiatement ni immédiatement à personne. N'est-ce pas là traiter les peuples comme des troupeaux? Peut-on outrager plus sensiblement les descendans de ceux qui ont acquis au prix de leur sang la liberté de la patrie?

D'après cette esquisse, vous ne serez pas surpris, Messieurs, que des magistrats, prétendus installés d'autorité divine, inculpent les patriotes suisses auprès de la nation française. Tous détours propres à les rendre odieux sont légitimes dans leur système; ils diront aux amis de la révolution que les patriotes suisses en sont les ennemis, et ils s'efforceront de persuader ses vrais ennemis du contraire. Cependant, les patriotes suisses, conservant le caractère de leur nation, ne sont point à double face. C'est à leurs magistrats qu'on doit reprocher la duplicité. Comment concilieront-ils leur opiniâtreté à soutenir en Suisse l'oligarchie que les constitutions proscrivent, avec le serment que les officiers, la plupart membres de ces gouvernemens usurpés, prêtent en France de défendre l'égalité? Comment concilieront-ils l'amour et le respect qu'ils doivent aux lois de France, la plus ancienne alliée de la Suisse et sa meilleure amie, avec le mépris qu'ils en marquent ouvertement en Suisse? Ce sont, cependant, ces hommes versatiles (pour ne rien dire de plus) qui médisent du club des patriotes suisses, qui le calomnient en corps, qui s'efforcent d'en diffamer les membres et qui les poursuivent pour les persécuter. Quels sont les motifs de la conduite de ces magistrats? Ce sont les remords, c'est la conviction de l'injustice de leurs prétentions diamétralement opposées aux lois constitutionnelles qui limitent leur pouvoir; ils savent que leur cause est insoutenable par la raison et la justice; ils ne peuvent l'apuïer que par les ressources des tirans, par l'ignorance des peuples, par les persécutions et par la violence. Voilà pourquoi, en 1781, 82, 83, les magistrats de Fribourg ont forcé, par des persécutions, des menaces et l'exil, plusieurs citoyens caractérisés à s'expatrier. Curés, officiers, avocats, médecins, justiciers, notaires, négocians, agriculteurs ont éprouvé les effets de leur cruauté et de leur vengence. Pour mieux cimenter leur despotisme, ils ont fait inhibition, sous des peines très graves, de lire, d'écrire et de parler des droits des citoyens de la capitale et du païs. Ceux qui étoient instruits des lois et qui étoient témoins des violations que les magistrats s'en permettoient chaque jour sont devenus les victimes principales du courroux de ces despotes, tels sont les docteurs Rey Castella et Kolly, comme si la connaissance des loix, la fermeté à les invoquer pour soi et pour ceux qui implorent le ministère des avocats étoient des crimes. Le club des patriotes suisses, dont le but est de s'éclairer sur les droits de la nation et de l'y réintégrer, fait ombrage à ces spoliateurs; voilà pourquoi ils font défenses de lire ses écrits; mais ces patriotes doivent-ils redouter en France, sanctuaire de la liberté, les effors impuissans de ces despotes? Non, plusieurs de ces patriotes sont admis au rang de citoyen actif; tous sont soumis à la loi et ils doivent jouir de sa protection. En même temps, citoyens suisses, ils ont intérêt, et la nature et le serment leur impose impérieusement le devoir de soutenir les droits de la patrie que la naissance leur a donné et que les propriétés et les liens intimes de paternité, de filiation et de fraternité ne souffrent pas qu'ils oublient.

Ils sont donc strictement obligés de parler et d'écrire pour eux et pour leur concitoyen, à qui l'on impose despotiquement le silence. La France est trop juste pour désapprouver la conduite des patriotes suisses. Devenue libre, il lui importe essentiellement de connoître en qui réside la souveraineté en Suisse; il répugneroit à la majesté de la nation française de contracter une alliance avec des usurpateurs; il seroit contraire à ses principes d'asservir un peuple libre. C'est cette liberté de droit, violée par le fait de quelques familles, que le club des patriotes suisses veut démontrer; alors comme anciennement toute la Suisse, et non quelques familles seulement, sera la véritable alliée de la France. C'est contre les principes constitutionnels que les conseils des capitales, s'arrogeant la souveraineté exclusive, osent ériger qu'on livre à leur vengence, en vertu des traités, ceux qui invoquent l'exécution des lois constitutionnelles et des droits de l'homme. Des magistrats qui ont si souvent violé les traités envers la France, notamment en retenant le dix pour cent des biens que quelques

Suisses et les Français apportent de Suisse en France, ne sont-ils pas bien hardis d'exiger que la France les suppose aveuglement souverains et qu'elle se prête à leur désir tyrannique? déjà l'Assemblée nationale leur a appris, en brisant les fers de deux citoyens envoyés contre tout droit et raison aux galères de Brest à cause de leur patriotisme, que les arrêts partiaux et cruels de ces magistrats ne doivent ni ne peuvent faire loi chez une nation éclairée, humaine et juste. C'est donc avec la confiance due à la nation et au roi restaurateur de la liberté que les patriotes suisses vous supplient, Messieurs, très instamment :

1° De ne pas les juger, ni en corps, ni individuellement, sans les avoir entendus.

2° De les considérer comme étant sous la sauvegarde de la loi et de la nation française, comme étant tous hommes de probité et de bonnes mœurs, constamment reconnus pour tels par les magistrats eux-mêmes qui n'ont pas d'autres fautes à leur reprocher que celle de connoître leurs droits et d'être les administrateurs ainsi que les partisans zélés des loix du peuple français.

3° De vouloir agréer les observations qu'ils ont à faire sur différens articles des traités et capitulations pour l'avantage des deux nations; moyennant quoi ils se flattent de vous instruire sur la légitimité de leurs plaintes contre leurs magistrats et de mériter l'estime et la bienveillance de la nation française.

NIQUILLE, *président;* M. CASTELLA, *ex-président;*
KOLLY, *secrétaire du club.*

N. B. — Cinq députés des patriotes suisses ont fait partie de cent mille étrangers qui ont été au pacte fédératif et tous ont gravé dans leur cœur l'exhortation de M. le président de prêcher dans leur patrie la liberté et l'égalité.

Il est à présumer que ce mémoire ne manqua pas son but. En tout cas, les membres du club n'avaient à craindre aucune attaque de la part de l'administration française. Le gouvernement du canton d'Uri fit la motion de demander au roi l'extradition des clubistes. Mais le Conseil secret de Zurich était d'avis d'abandonner une telle demande aux gouvernements des cantons particuliers. En effet, le gouvernement de Fribourg demanda, le 11 octobre 1790, l'extradition de Castella, Sudan, Huguenot, Rey, Chaperon, Conus, Grémion, Roullier, Kolly. Il promit un prix de cent doublons à qui livrerait Castella, mort ou vif, et il promit une récompense de deux cents écus à qui livrerait un des autres. Le gouvernement de Berne fit lire ce document du haut des chaires.

Aussitôt que les clubistes apprirent ces mesures, ils résolurent de mettre eux-mêmes à prix les têtes des membres des gouvernements de Fribourg et de Berne. Castella en outre se mit sous la sauvegarde de la section des Quatre-Nations de Paris, où il avait été reçu citoyen. Il renouvela le serment de civisme, qu'il avait déjà juré à la fête de la fédération, à Grenoble et à Paris. Il pria la section de « lui obtenir la protection de la municipalité et de l'Assemblée pour qu'il puisse vivre en France comme citoyen et imposé à la capitation[1]. »

C'était une semaine plus tard qu'un rapporteur inconnu développa aux gouvernements de la Suisse ses idées sur la propagande révolutionnaire. Il faut remarquer et le fond et la forme de ses sentences qui ressemblent à certaines expressions bien connues d'Alexis de Tocqueville :

Je ne crois pas l'état actuel des choses menaçant pour le moment, grâce à votre vigilance. Cependant, je doute et je ne crois pas même possible que vous puissiez vous garantir bien longtemps de la maladie française, à moins que nous-mêmes nous ne nous guérissions avec le temps ou quelque médecin ne nous aide à nous guérir. La propagande est si zélée que vous ne serez pas le seul pays dont le peuple changera sa constitution. Ceci n'est point une révolution ordinaire. C'est une espèce de religion qui a ses fanatiques et ses apôtres[2].

Les fanatiques de la race des Castella, Rey, Roullier, etc., ne se lassèrent pas. Ils essayèrent, en imitant le club des Jacobins, de former des filiations, ce qui réussit à un certain degré à Arpajon et à Orléans. C'était là que *Le Blanc*, *Goisset*, *Clairet* et *Brunot*, émissaires de la Société, rencontraient, au mois d'octobre, le père *Kolly*, arrivé de Genève, un certain *Alis*, ancien banquier, originaire de Porrentrui, *Dulary*, chevalier de Saint-Louis, « et plusieurs autres personnes, ci-devant au service, et mécontents de tous les gouvernements. » Les récits des espions qui se rapportent à ces conférences d'Orléans sont sans doute beaucoup exagérés. Ils imputent aux conjurés l'intention d'engager deux mille quatre cents hâleurs (« gens sans aveu, dont on

1. *Archives nationales*, D. XXIII, 1 (unique) vol. Comité diplomatique, « fait l'an II de la liberté et de l'ère vulgaire, le 15 octobre 1790. Lu et produit le 15 octobre dernier, à la section des Quatre-Nations. »

2. *Archives d'État de Berne*, Acta du Conseil secret, vol. XII, n° 98. Lettre d'un inconnu du 22 octobre 1790 (copie).

se sert pour remonter les trains et bateaux sur la Loire ») de « faire égorger et mettre au pillage tout ce qui leur résistera, » de sacrifier deux cents hommes en avant pour « distribuer des manifestes, et préparer les esprits en Suisse à l'insurrection. » Mais ce qui paraît être certain, c'est que l'idée d'une expédition armée prit consistance. Clairet et Brunot passèrent par Lyon, arrivèrent à Genève et cherchèrent de là à nouer des relations au pays de Vaud. Quelques-uns des rapporteurs secrets des gouvernements, qui perdaient les traces de la société, étaient d'avis que les membres du club se mettaient en marche, et que le club à Paris allait finir. Cependant le club existait encore. Un certain Thibaut fit même savoir le 5 février 1791, à Gabriel-Albert d'Erlach, fonctionnaire bernois à Lausanne :

Le club helvétique continue toujours ses sessions et ses travaux. Trop nombreux pour se réunir dans un seul local, ils ont des ramifications dans tous les quartiers de Paris et surtout dans les faubourgs Saint-Antoine, Saint-Marceau et Saint-Honoré. Ils se communiquent par des commissaires, lesquels eux-mêmes ont entrées dans les sections et districts, et y portent dans les différentes délibérations l'esprit qui les anime. Les principaux députés du côté gauche qui composent le fameux club des Jacobins assistent aux séances. Ils ont ensuite des conférences avec les Lameth, Barnave, etc. Là ils prennent leurs ordres et les font exécuter. Il n'y a pas de doutes que c'est à toutes ces associations que l'on doit le mouvement qui vient de se faire à Genève. Ils ont, dans cette ville, trois avocats députés. Celui qui y a le plus leur confiance se nomme Grenus [1]. C'est de là qu'il travaille et incendie votre pays par toutes sortes de manœuvres et d'écrits... Enfin, ils espèrent que la même révolution arrivera en Suisse qu'en France. Leur projet n'est pas, cependant, de la presser. Ils ne veulent que la préparer [2] ; etc.

Aussi, on continuait en Suisse à saisir des libelles imprimés et des lettres émanées de la société des patriotes à Paris. Comme imprimés il faut mentionner une *Lettre écrite de Paris, en décembre* 1790, *à MM. les Bannerets de la Ville et République de Fribourg en Suisse*, dirigée contre la demande d'extradition de Castella, Roullier, etc.[3]; *Réflexions sur une proclamation émanée du grand conseil de Berne, du*

1. Cf. Monnard, *l. c.*, p. 526.
2. *Archives d'État de Berne, l. c.*, XII, n° 170.
3. *Archives d'État de Berne*, Acta du Conseil secret, vol. XII, n° 159, 8 p.

11 décembre 1790, pleines des injures les plus grossières[1]; *Considérations sur la nature et les diverses espèces de gouvernements respectifs des cantons suisses*, signées « Rouiller » et « Koly, » s. d.[2].

D'autre part, les Jacobins ne manquèrent pas de seconder la propagande démocratique en Suisse par des pamphlets, p. ex. une *Adresse de la Société des amis de la constitution de Saint-Claude aux patriotes suisses, valaisans, savoyards et genevois* (Collection Lauterbourg, *l. c.*). On y lisait p. 6 :

Si jamais l'amour de la liberté doit trouver sur la terre un aigle, s'il est des peuples faits pour en apprécier la valeur, pour en sentir le prix, ne sont-ce pas les habitants et les voisins de ces contrées, *où Guillaume Tell arbora ce bonnet de liberté*, sous lequel tant de braves Suisses se réunirent pour secouer un joug affreux ? C'est à vous que nous la devons, frères et amis, cette noble devise d'une épée soutenue par l'union, surmontée du bonnet de la liberté et ceinte de ces mots, tant de fois jurés par les compagnons de Tell, *vivre libre ou mourir.*

Encouragés par les progrès de l'esprit révolutionnaire en France, les clubistes firent même, au printemps 1791, un dernier essai pour travailler le régiment des gardes suisses. Après la nouvelle organisation de l'armée française, les soldats reçurent la permission d'assister aux délibérations de clubs politiques. Les « patriotes suisses » se flattèrent d'en pouvoir tirer profit.

Le 3 mai 1791, de Loys, capitaine aux gardes suisses, fit savoir au Conseil secret de Berne[3] qu'une lettre circulaire imprimée, attribuée par la voix publique à Castella, était répandue dans les casernes du régiment. Adressée au comité militaire de l'Assemblée nationale et signée : « Vos très humbles et obéissants serviteurs, les caporaux et soldats composant le régiment des gardes suisses, » cette lettre circulaire annonça au comité mili-

1. Ces réflexions, dont la date 1791 au lieu de 1790 est erronée, forment une partie du n° 3 du journal « *Mercure national et révolutions de l'Europe*, journal démocratique, rédigé par Mme Robert, de l'Académie d'Arras, Louis-Félix Guinement, des Inscriptions et belles-lettres, T. Robert, professeur de droit public, tous membres de la Société des amis de la constitution. 2e année. » (Cf. Deschiens, p. 358.) *Archives d'État de Berne, l. c.*, n° 172. On lit chez Berchtold, p. 339 : « *Le Mercure national*, n°s 38 et 43, accueillit la justification des patriotes suisses. » Cf. *Révolutions de Paris*, n° 80, p. 90.

2. Brochure in-12, 28 p. *Bibliothèque municipale de Berne* (collection Lauterbourg. Histoire, n° 348).

3. *Archives d'État de Berne*, Acta du Conseil secret, vol. IX, n° 156.

taire la visite d'une députation, pour lui exposer les « doléances du régiment. » Cependant, ces nouvelles manœuvres échouèrent. La lettre circulaire trouva peu de signatures. Les principaux acteurs de cette démarche furent repoussés avec tant d'indignation que les soldats demandèrent leur renvoi du régiment.

Rebutés derechef par la masse des gardes suisses, les clubistes sentirent renaître leurs espérances à la nouvelle des événements qui troublèrent, dès la fin de l'année 1790, l'évêché de Bâle. Le 23 février 1791, un des espions qui surveillaient les pratiques de la société rapportait : « L'on écrit aussi au Porrentrui, pour les engager à tenir ferme et à repousser vigoureusement l'autorité du prince. »

Un peu plus tard, s. d. :

L'on m'apprend dans ce moment que le vice-président du club suisse, qui est un nommé Crepin de Delémont, dans une assemblée de ce club, qui a eu lieu le 15 de ce mois, annonça d'un air mystérieux une nouvelle et générale insurrection dans le Porrentruy, et à l'invitation de Castella, secrétaire de ce club, il fut résolu une nouvelle lettre circulaire aux communautés de la Suisse pour les inviter à s'assembler dans l'objet de donner une nouvelle constitution à leurs districts[1].

Une lettre interceptée, adressée à « M. Le Maître-Bourgeois, de Châtillon, prévôté des Moutier-Grandval, pays de Porrentruy, » signée : « Vos affectionnés amis, le Club des patriotes suisses, Castella, président, Chaney[2], vice-secrétaire, à Paris, rue du Sépulcre, n° 19; le 22 février 1791, l'an II de la liberté française, » parle assez clairement[3] :

Courage, amis et frères, courage et fermeté. Le temps est venu où les peuples se débarrassent des ruineuses impositions féodales, qu'ils se délivreront de l'avilissant esclavage dans lequel des êtres, leurs égaux, les faisaient gémir et reprendront l'exercice de la souveraineté qui, par principe éternel et imprescriptible, réside dans le peuple... Les lumières que répand la France, le saint amour de la liberté dont son exemple embrase les cœurs, vont régénérer le genre humain dans ses prérogatives. Nous vous félicitons, chers amis et frères, de

1. Extrait de différentes lettres de Paris. *Archives d'État de Berne, l. c.*, vol. XII, n° 188.

2. Ms. *Chaney*. Il est sans doute identique avec *Chancy*, mentionné *Archiv für Schweizerische Geschichte*, vol. XIII, 258, etc.

3. *Archives d'État de Berne, l. c.*, vol. XV, n° 41.

la gloire d'être des premiers à imiter cette nation généreuse. Ne trouvez pas mauvais qu'amis de votre bonheur, nous vous observions que, dès qu'il s'agit de récupérer la liberté, il ne faut pas faire un ouvrage à demi. Il est essentiel de le porter à sa perfection, ou tout est perdu. Nous apprenons que des cantons suisses veulent se mêler d'être vos médiateurs. Rejetez-les. Aristocrates chez eux, ils feront tout pour conserver chez vous les abus et les vices dont les gouvernements aristocratiques et monarchiques sont infectés pour le malheur des peuples. Nous les connaissons, c'est la raison pourquoi nous nous faisons un devoir de vous en prévenir. Ils vous tromperaient par des paroles flatteuses et mielleuses. C'est ainsi qu'ils ont fait à Genève en 1782, à Fribourg en 1781 et partout où les peuples ont été assez dupes pour se fier à eux. Modelez-vous plutôt par votre propre autorité sur la sagesse des lois et principes de la France. Les Français font leur constitution, faites la vôtre. Les Français ont pensionné leur roi, pensionnez votre évêque. Les Français ont établi leur roi, élisez votre évêque, bornez son autorité au spirituel, c'est la seule qui appartient, la seule qui convient à un disciple de Jésus-Christ, à un successeur des apôtres... Agréez, chers amis et frères, les avis que vous donne, dans des sentiments vraiment fraternels et patriotiques, une société composée de Suisses des différents cantons et alliés, et dans laquelle se trouvent plusieurs de vos concitoyens, et dont le but est de contribuer à rétablir les anciennes constitutions et les droits naturels de l'homme et du citoyen dans nos patries, et encore de tâcher que les traités avec la France se fassent à l'avantage de tous et non des aristocrates seuls. Nous désirons à ces fins de correspondre avec vous pour nous entr'aider mutuellement à procurer le bonheur commun.

En effet, la correspondance continua. *Joseph-Anton Rengger*, auteur principal du soulèvement de Porrentruy, fugitif avant l'entrée des troupes autrichiennes, s'adressa au club des patriotes suisses, qui fit partir au mois de mars une lettre circulaire pour encourager et provoquer les sujets de l'évêché de Bâle. On leur donna conseil de s'emparer des officiers autrichiens, de désarmer les soldats, d'assembler les députés. « Plus vous aurez de fermeté et d'énergie et plus vous occuperez vos aristocrates suisses dans leurs foyers, les peuples des cantons suivront votre exemple et la Suisse encore une fois sera libérée et pour toujours[1]. »

1. *Archiv für Schweizerische Geschichte* (1862), vol. XIII, p. 357. Cf. Acta du Conseil secret bernois, vol. XV, n° 50.

Le vice-président du club, Chaney, « officier de la garde nationale et commissaire du comité de correspondance, » fut élu comme commandant de partisans armés de Rengger. Il se rendit à Delle en Alsace, sur les frontières, et trama une surprise de la ville de Porrentruy[1]. Mais la présence des troupes autrichiennes déjoua tous les plans d'une action militaire, et ce n'était qu'en 1792 que l'invasion française chassa l'évêque.

Les nouvelles tentatives du club helvétique occupaient la diète générale qui s'assembla à Frauenfeld, le 4 juillet 1791. Mais le seul résultat des délibérations était la décision d'adresser une circulaire aux régiments suisses en France, pour les dissuader de la fréquentation des « clubs soi-disant patriotiques. » Fribourg proposa en vain de demander par une note collective l'extradition des incendiaires. On n'osa pas le faire[2].

Dès ce temps-là, les rapports des espions relatifs au club cessent tout à fait, et le nom de la société des patriotes disparaît des actes. Aussi, selon Berchtold, *l. c.*, p. 336, le registre des délibérations cesse le 3 août 1791.

Cependant, une brochure de l'automne 1792 constate assez clairement qu'à cette époque il y avait encore des assemblées des patriotes suisses à Paris, et que ces assemblées embrassaient aussi les soi-disant « Allobroges réunis. » Cette brochure, intitulée *les Crimes du* 10 *août, dévoilés par les patriotes suisses, et les efforts qu'ils ont fait pour les prévenir*[3], se propose de démontrer que les événements du 10 août 1792 ont été le résultat d'un essai de contre-révolution. Voilà la conclusion de l'auteur :

La journée du 10 août ne peut ni ne doit rompre l'union des deux peuples, car les tyrans seuls sont coupables. D'un côté, le peu de Suisses qui existait dans les gardes a été sacrifié par l'aristocratie ; de l'autre, le peuple français ne peut pas accuser le peuple suisse d'un crime commis par un petit nombre d'aristocrates et une horde de brigands étrangers à l'Helvétie. Au contraire, les deux nations doivent être plus unies que jamais ; un même intérêt les rassemble ; celui de la liberté. Français ! Nation généreuse ! Le temps n'est pas loin où

1. *Archiv für Schweizerische Geschichte*, vol. XIII, p. 355-364. Il y a des extraits de lettres écrites de Delle, de Belfort, de Porrentruy, de 1791, relatives à ces affaires, aux *Archives nationales*, D. XXIII. Comité diplomatique.

2. *Sammlung der eidgenœssischen Abschiede*, vol. VIII, p. 162.

3. 16 p., in-12, s. l. s. a., *Bibliothèque municipale de Berne* (collection Lauterbourg. Brochures. Histoire, 359).

nous te prouverons que nous sommes dignes de toi et de nos ancêtres. Nous allons commencer par combattre avec toi les ennemis de la liberté, et ensuite nous ferons flotter sur nos montagnes le drapeau tricolore. Et vous! Braves Helvétiens! Vivrez-vous encore longtemps sous le joug des tyrans!... Amis! Suivez notre exemple; abandonnez une terre inhospitalière d'où la liberté est depuis longtemps bannie! Abandonnez une terre que vous arrosez de vos sueurs pour engraisser vos tyrans! Rappelez-vous que le sang de Guillaume Tell circule encore dans vos veines! Venez combattre sous les drapeaux allobroges, venez augmenter cette légion qui a juré la mort aux tyrans et une haine éternelle aux rois[1]! Venez, vous serez reçus avec enthousiasme par vos frères, vos amis et vos concitoyens! Imitez ceux qui se sont déjà rangés sous les drapeaux français; etc.

A la fin de cette apostrophe, on lit : « Extrait du procès-verbal du 20 septembre, l'an Ier de la République française. *De l'Assemblée générale des patriotes suisses et des Allobroges réunis.*

« L'Assemblée générale des patriotes suisses et des Allobroges réunis, après avoir entendu lecture de plusieurs écrits sur les événements du 10 août, que lui ont présentés divers de ses membres, a ouvert la discussion sur cet objet; après laquelle et sur le rapport de son comité, elle a arrêté que l'ouvrage dont lui a fait part J. Desonnaz, sous-lieutenant dans la légion des Allobroges, et qui a pour épigraphe, *Crimine ab uno disce omnia*, serait imprimé et envoyé aux patriotes des treize cantons, de Genève et de la Savoye.

« Fait à l'Assemblée générale, séante à la Métropole de la liberté, l'an et jour ci-dessus.

« Signé à l'original : J. Desonnaz, *président;*

J. Kolly, Cornu, *secrétaires;*

« Paraphé par : Roullier, Chaperon, *membres du comité.* »

1. P. 16. Avis : « Déjà un grand nombre de Suisses, avant leur licentiement, s'étaient engagés dans la légion des Allobroges et dans les compagnies franches que le général Dumourier (*sic*) forme dans le nord... Les patriotes suisses, savoisiens, valaisans et genevois, qui voudraient s'incorporer dans la légion des Allobroges, peuvent s'adresser à toutes les municipalités qui leur fourniront les moyens de se rendre à Grenoble, où se forme ce corps. On peut aussi s'adresser pour y entrer à Paris, à M. *Marmillod*, négociant, rue Philipeau, n° 15, et à Versoix à M. *Kolly.* »

On reconnaît dans la plupart de ces noms des membres très actifs du club des patriotes suisses. C'est son dernier signe de vie qui soit parvenu à ma connaissance. On le trouve souvent mentionné chez les historiens modernes, en connexion avec le nom de C.-F. Laharpe et avec les événements des années 1797 et 1798, mais sans preuves[1]. Je n'ai pas pu en constater jusqu'ici aucune trace, soit aux archives de Paris, soit aux archives suisses. Cependant, on rencontre çà et là les noms de quelques-uns de ces membres. *Niquille* est mentionné comme agent de la commune de Paris, « infidèle et favorable aux émigrés, » inspecteur général de la police, après le 18 brumaire, malgré la protection de Barras, enfermé à la Conciergerie, à la suite de l'explosion du 2 nivôse compris dans la liste des déportés à Madagascar[2].

Les papiers de Barthélemy, publiés par M. Jean Kaulek, contiennent les indications suivantes : *Dumouriez à Le Brun au quartier général de Valenciennes, le* 24 *août* 1792. « Parlons de la Suisse encore, cher Le Brun. Je vous adresse M. *Rouillé* (*sic*), volontaire au deuxième bataillon de Paris, qui peut vous donner tous les renseignements sur le régiment des gardes et notamment sur le canton de Fribourg. Il est le fondateur du club helvétique, auquel il convient à l'avenir de donner la plus grande consistance[3]. » *Paris*, 1er *novembre* 1792 : « Le citoyen *Castella*, né à la Barillerie au Faucon (?), dénonce à Le Brun les menées des aristocrates suisses et proteste contre la convention conclue par le général Montesquiou[4]. » *Juillet* 1793 : « Le citoyen *Castella*, employé dans les bureaux de la guerre[5]. » *Mai* 1793 : *Rey*, accusé « de la distribution de faux assignats[6]. »

Qu'il me soit permis d'ajouter quelques mots relatifs au *Club de la propagande* dans sa connexité avec le Club des patriotes suisses.

1. On ne peut pas donner comme preuve de l'existence du club une notice qu'on trouve dans la lettre du bailli de Rodt, adressée au Conseil secret de Berne, Nyon, 24 octobre 1797 (*Amtliche Sammlung der Acten aus der Zeit der Helvetischen Republik*. Bern, 1886, vol. I, p. 45).

2. *Mémoires de Barère*, vol. II, p. 42, 43. A. Schmidt, *Tableaux de la Révolution française*, t. II, p. 247. « Niquille, officier de paix. » (3 frim. an III.)

3. *Papiers de Barthélemy*, vol. I, p. 252.

4. *L. c.*, vol. I, p. 383. Les *Tableaux de la Révolution française*, par Ad. Schmidt, t. II, p. 465, 466, contiennent un rapport de Roullier à Merlin, du 30 brumaire an IV. Cf. p. 467.

5. *L. c.*, vol. II, p. 391, 395.

6. *L. c.*, vol. II, p. 253, 267.

D'après Droz, *Histoire du règne de Louis XVI*, le côté droit de l'Assemblée nationale désigna la *Société patriotique de* 1789 par le sobriquet *club de la propagande*[1]. Donc le « discours prononcé au comité de la propagande, » par Duport (*vide supra*, p. 12), ne peut pas être considéré comme une publication officielle de la *Société patriotique de 1789*. D'ailleurs cette société a été fondée au mois de mai 1790, tandis que l'éditeur du « discours de Duport » par erreur l'a fait exister déjà au mois de mars 1790. Il raconte :

Ce club a pour but, comme chacun sait, non seulement de consolider la révolution en France, mais de l'introduire chez tous les autres peuples de l'Europe et de culbuter tous les gouvernements actuellement établis. Ses statuts ont été imprimés séparément. *Le 23 mars 1790, il y avait en caisse 150,000 livres*, dont M. le duc d'Orléans avait fourni 40,000 livres, le surplus avait été donné par les honorables membres à leur réception. Ces fonds sont destinés à payer les voyages des missionnaires qu'on nomme apôtres et les brochures incendiaires que l'on compose pour parvenir à un but aussi salutaire. Toutes les affaires, tant internes qu'étrangères, sont préparées et proposées au club par un comité de quinze personnes présidé par M. l'abbé Sieyès.

Parmi les membres du club de la propagande, dont la liste est annexée au « discours de Duport, » on ne rencontre les noms d'aucun des membres du club helvétique[2].

Mais on se souvient que les idées des clubistes se rencontraient avec les idées de Duport lui-même (v. *supra*, p. 26). D'ailleurs les rapporteurs secrets des gouvernements suisses, dont la tâche principale était de surveiller le club helvétique, mentionnent aussi le club de la propagande, sans le distinguer de l'autre. Une personne de confiance rapporte : « Je suis chargé de vous prévenir que le *club de la propagande* porte tous ses efforts pour propager et faire germer ses principes en Suisse. Je suis sûr que l'abbé Grégoire a su que ses efforts avaient été vains pour faire goûter sa doctrine à la Suède et à la Suisse, mais qu'enfin il avait trouvé

1. Droz, *Histoire du règne de Louis XVI* (traduction allemande, vol. III, 179, édition française, vol. III, 201, alléguée chez Zinkeisen, *Der Jacobiner-Klub*, vol. I, 306).

2. Il y a seulement les Genevois « Clavière, du Roveray, Verne, ministre » (les « manuels » du Conseil secret de Berne l'appellent *Vernet*), qui se présentent comme membres suisses du club de la propagande.

moyen de la faire réussir *en introduisant des émissaires dont il était sûr* et il s'est vanté des succès infaillibles qu'il aurait chez ces deux puissances[1]. »

Une lettre anonyme adressée à un membre du conseil de l'État de Soleure, arrivée par le courrier du jeudi 21 octobre 1790, contient les phrases suivantes : « Un homme de ma connaissance, avec lequel j'ai étudié et qui occupe une place dans le département d'une province voisine, était à Paris au *club de la propagande*, dont [un membre] était un de ses amis. Eh bien les affaires ? » « Fort bien ! Nous sommes occupés à travailler nos chers alliés, les Suisses, et *nous y réussirons par des moyens dont on ne se doute pas, etc.* » La relation présumée du club helvétique avec le club de la propagande fit trembler les amis de la tranquillité en Suisse. C'est pourquoi Leonhard Meister écrivait le 30 octobre 1790 au général Zurlauben : « Nous dénonçons trop tard le club helvétique. L'inquisition est entre les mains du comité diplomatique et l'on m'assure qu'il y a dans ce comité plusieurs membres de la propagande[2]. » Enfin le général Zurlauben, lui-même, bien instruit par ses amis français, écrit : « Le club soi-disant suisse n'est pas éteint, et je soupçonne que quoique ébranlé il se joindra au club de la propagande, nouvellement formé au Palais-Royal et qui a pour président un abbé, et dans lequel un prince du sang n'a pas rougi de s'immatriculer[3]. » Quelquefois, il n'hésite pas à identifier les deux sociétés, p. ex. en écrivant le 25 septembre 1790 à son ami Balthasar : « Les cantons de Fribourg (ms. Zurich) et de Berne viennent de déclarer comme criminels d'État les membres du *club de la propagande*[4]. » En tout cas, les relations de la Société des patriotes suisses avec le Club des Jacobins étaient beaucoup plus étroites qu'avec la Société patriotique de 1789, qui elle-même ne savait pas survivre à l'année 1791.

Alfred STERN.

1. *Archives d'État bernois*, Acta du Conseil secret, vol. XII, n° 135 (copie, s. d.).
2. *Bibliothèque cantonale* à Aarau. Mss.
3. Zurlauben à Balthasar, s. d. *Bibliothèque cantonale* à Aarau. Mss.
4. Zurlauben à Balthasar, *l. c.*

Extrait de la *Revue historique*, tome XXXIX, 1889.

Nogent-le-Rotrou, imprimerie DAUPELEY-GOUVERNEUR.

www.ingramcontent.com/pod-product-compliance
Lightning Source LLC
LaVergne TN
LVHW010053230826
846091LV00005B/1925

* 9 7 8 2 0 1 2 4 6 9 9 4 5 *